ARD-Ratgeber Recht
Herausgeber: Dr. Frank Bräutigam

FINANZIELLE HILFEN FÜR FAMILIEN

Das steht Ihnen zu

SWR》® **verbraucherzentrale**

Eine Produktion des Südwestrundfunks in Zusammenarbeit mit den Verbraucherzentralen

Kindergeld, Unterhaltsvorschuss für Alleinerziehende und BAföG. Aber auch Wohngeld für familiengerechtes Wohnen, Elterngeld oder die beitragsfreie Familienversicherung in der gesetzlichen Krankenversicherung sowie steuerliche Vergünstigungen – der Staat fördert Familien mit einer Vielzahl an Leistungen. Allerdings: Ein verzweigtes Netz aus direkten Zuschüssen, indirekter Förderung oder Steuernachlässen, das wiederum von verschiedenen Anlaufstellen und Zuständigkeiten verwaltet wird, lässt Eltern bei der Durchsetzung ihrer Rechte und Ansprüche oft im Dunkeln tappen.

Der ARD-Ratgeber gibt – klar strukturiert nach den einzelnen Leistungsarten – einen Gesamtüberblick über die verschiedenen Hilfearten. Die jeweils zuständigen Behörden oder Ansprechpartner werden benannt und es wird aufgezeigt, unter welchen Voraussetzungen die Leistung zusteht. Mit Tipps und Hinweisen, welche Unterlagen bei der Antragstellung notwendig sind und welche Formalitäten sonst zu beachten sind, gibt der Ratgeber dem Leser praktische Hilfestellungen an die Hand. Damit lassen sich nicht nur die bürokratischen Hürden leichter nehmen, sondern sie helfen Familien auch, Zeit und Nerven zu sparen, wenn sie die ihnen zustehenden Leistungen in Anspruch nehmen wollen.

Dr. Otto Bretzinger ist Jurist und Journalist. Beide sind als Autoren zahlreicher Publikationen bekannt. **Gudrun Reichert** ist Steuerberaterin und Professorin an der Dualen Hochschule Baden-Württemberg.

Otto N. Bretzinger · Gudrun Reichert

FINANZIELLE HILFEN FÜR FAMILIEN

Das steht Ihnen zu

Rechtslage

 Beispiel

 Vorsicht, Risiko!

 Tipp, Ratschlag

 Wichtig

 Checkliste

Bibliografische Information der Deutschen Bibliothek
Die Deutsche Bibliothek verzeichnet diese Publikation in der Deutschen Nationalbibliografie; detaillierte bibliografische Daten sind im Internet über http://dnb.ddb.de abrufbar.

1. Auflage 2013
© Verbraucherzentrale NRW, Düsseldorf, www.vz-nrw.de
Alle Rechte, insbesondere das Recht der Vervielfältigung und Verbreitung, vorbehalten. Kein Teil des Werks darf in irgendeiner Form (durch Fotokopie, Mikrofilm oder ein anderes Verfahren) ohne schriftliche Genehmigung des Rechteinhabers reproduziert oder unter Verwendung elektronischer Systeme verarbeitet, vervielfältigt oder verbreitet werden.
Printed in Germany.
ISBN 978-3-86336-611-7

LIEBE LESERIN, LIEBER LESER, UND NATÜRLICH AUCH: LIEBE ZUSCHAUERIN, LIEBER ZUSCHAUER DES ARD-RATGEBER RECHT,

das Recht gilt gemeinhin als eine trockene und komplizierte Angelegenheit. Da ist durchaus etwas dran. Trotzdem lautet meine Erfahrung und meine Überzeugung: Hinter jedem schwierigen Paragrafen, hinter jedem Urteil im Juristendeutsch der Gerichte verbergen sich fast immer die Geschichten, Probleme und Schicksale von Menschen – und zwar von Ihnen, liebe Leserinnen und Leser, liebes Publikum. Die schwierigen Paragrafen und ihre Folgen zu erklären, gleichzeitig aber die Geschichten der Menschen dahinter nicht zu vergessen, das ist das erklärte Ziel unserer Sendung „ARD-Ratgeber Recht".

Wohl kaum eine Redaktion im deutschen Fernsehen bekommt so viel Zuschauerpost mit konkreten „Hilferufen". Sie schildern uns Ihre Fälle und bitten uns in Briefen und E-Mails oft um Unterstützung. Dieses Vertrauen in unsere Arbeit ehrt uns sehr, und Ihre Probleme und Fragen sind uns ein wichtiges Anliegen. Allerdings müssen wir Ihnen oft auch antworten, dass wir Ihnen eine konkrete Rechtsberatung im Einzelfall leider nicht geben können und dürfen. Dafür sind zum Beispiel die Verbraucherzentralen oder Rechtsanwälte zuständig. Wir haben einen Programmauftrag, der darin besteht, rechtliche Fragen allgemein und leicht verständlich im Fernsehen aufzuarbeiten. Dafür nehmen wir dann gern Ihre konkreten Fälle als Beispiele und sind deshalb weiterhin für jede Zuschrift dankbar. Alles Weitere aber übersteigt in der Regel unsere Möglichkeiten – mit einer Ausnahme: der traditionsreichen Buchreihe zum ARD-Ratgeber Recht.

Damit können wir Ihnen – immer anknüpfend an die Themen unserer Sendungen – umfangreichere Informationen an die

Hand geben; mehr, als wir im Fernsehen leisten können. Das Ziel der Reihe ist es, verständliche und erschwingliche Bücher zu den juristischen Themen der Sendung ARD-Ratgeber Recht anzubieten. Unsere erfahrenen Autoren wollen Sie im juristischen Alltagsdschungel an die Hand nehmen und Ihnen Orientierung bieten – mit gut verständlichen Erklärungen, einem klaren Aufbau und einem modernen Design. Hinzu kommen Musterbriefe, Tipps und viele Ratschläge.

Betreut wird die Buchreihe – wie auch die Sendung ARD-Ratgeber Recht – von der ARD-Rechtsredaktion des Südwestrundfunks (SWR) in Karlsruhe, der „Residenz des Rechts". Von dort aus produzieren wir den ARD-Ratgeber Recht und berichten darüber hinaus in den Nachrichtensendungen von ARD und SWR über „alles, was Recht ist". Ich würde mich freuen, wenn Sie diese Buchreihe wie unsere Arbeit auf dem Bildschirm weiterhin so freundlich und kritisch begleiten und uns die Treue halten!

Eine aufschlussreiche und angenehme Lektüre wünscht Ihnen

Dr. Frank Bräutigam,
Leiter der ARD-Rechtsredaktion, Karlsruhe

VORWORT

Kinder kosten Geld. Bis ein Kind volljährig ist, geben Eltern nach Schätzungen von Fachleuten im Durchschnitt rund 120.000 Euro allein an Lebenshaltungskosten für ihren Nachwuchs aus. Diese Kosten müssen Eltern aber nicht allein tragen. Rund ein Drittel der Ausgaben für ein Kind übernimmt der Staat. In den vergangenen Jahren ist die finanzielle Förderung der Familien zwar deutlich angestiegen, sie erfolgt allerdings zunehmend in einem verwirrenden System von direkten Zuschüssen, indirekter Förderung im Rahmen der Sozialversicherung und durch Steuernachlässe. Wer Familienförderung praktisch in Anspruch nehmen will, steht vielfältigen Fördermaßnahmen, komplizierten Anspruchsvoraussetzungen und einer teilweise undurchsichtigen Bürokratie gegenüber.

Viele Familien haben das Problem, sich im Dickicht der verschiedenen Ansprüche und Hilfearten und in der verwirrenden Zuständigkeit der verschiedenen Behördenapparate und Institutionen zurechtzufinden. Oder wissen Sie aus dem Stegreif, wann Sie einen Kinderzuschlag, Unterhaltszuschuss für Alleinerziehende oder Rehabilitationshilfen für Kinder bekommen und an welche Stelle Sie sich gegebenenfalls wenden müssen? Und noch komplizierter wird es, wenn es im Rahmen der einzelnen Hilfearten um ganz konkrete Einzelfragen oder um die steuerliche Förderung der Familie geht.

Dieser Ratgeber will Familien eine fundierte und umfassende Orientierungshilfe geben. Es werden die verschiedenen Hilfearten aufgezeigt, die zuständigen Behörden benannt und die komplizierten Anspruchsvoraussetzungen erläutert. Die Hinweise auf Fristen, einzuhaltende Formalitäten und beizubringende Unterlagen sollen helfen, die gesetzlichen Ansprüche durchzusetzen. Sie erhalten Tipps und Ratschläge, wie Sie sich einen guten Überblick über die Rechtslage verschaffen und Ihre Rechte und Ansprüche durchsetzen können.

Beachten Sie auch, dass Sie gegenüber Behörden einen gesetzlich verankerten Anspruch auf Beratung und Auskunft haben. Jeder Leistungsträger muss Sie in einer konkreten Angelegenheit umfassend mündlich und schriftlich beraten. Und die Auskunftspflicht erstreckt sich auch darauf, Ihnen den für die jeweilige Sozialleistung zuständigen Leistungsträger zu benennen sowie zu allen Sach- und Rechtsfragen Auskunft zu geben, die im Zusammenhang mit einer Leistung von Bedeutung sind. Nutzen Sie also auch diese Möglichkeiten.

Baden-Baden/Hirschhorn, im Februar 2013

Otto N. Bretzinger
Gudrun Reichert

INHALT

01 MUTTERSCHAFTSGELD VOR UND NACH DER GEBURT

20	Mutterschaftsgeld der gesetzlichen Krankenversicherung
21	Zuschuss des Arbeitgebers
23	Mutterschaftsgeld für familien- und privat krankenversicherte Arbeitnehmerinnen
23	Steuer und Sozialversicherung
24	Antrag

02 KINDERGELD FÜR ALLE ELTERN

26	Zielsetzung von Kindergeldzahlungen
27	Berechtigte
28	Kindergeld für minderjährige Kinder
29	Kindergeld für erwachsene Kinder
29	Volljährige Kinder bis zur Vollendung des 25. Lebensjahres
29	Wegfall des Kindergeldanspruchs bei abgeschlossener Erstausbildung und Erwerbstätigkeit
30	Volljährige Kinder bis zur Vollendung des 21. Lebensjahres
30	Volljährige behinderte Kinder
31	Verheiratete Kinder
31	**Andere Leistungen für Kinder**
31	**Höhe des Kindergelds**
33	**Auszahlung des Kindergelds**
34	**Kindergeldantrag**
34	**Berücksichtigung des Kindergelds bei Sozialleistungen**

03 KINDERZUSCHLAG FÜR ELTERN MIT GERINGEM EINKOMMEN

36 Berechtigte
36 Höhe
37 Voraussetzungen
37 Mindesteinkommen der Eltern
38 Höchsteinkommensgrenzen der Eltern
40 Vermeidung der Hilfebedürftigkeit nach SGB II
41 Berechnung
42 Antrag

04 ELTERNGELD FÜR DIE ZEIT NACH DER GEBURT

44 Berechtigte
45 Höhe des Elterngelds
46 Elterngeld bei Einkommen unter 1.000 Euro
47 Elterngeld bei Einkommen über 1.200 Euro
47 Elterngeld bei Teilzeitarbeit
48 Elterngeld mit Geschwisterbonus
48 Elterngeld bei Mehrlingsgeburten
49 Dauer des Bezugs
49 Partnermonate
50 Übertragung der Partnermonate
51 Elterngeld für Alleinerziehende
51 Verlängerung des Auszahlungszeitraums
51 Antrag
53 Besteuerung des Elterngelds
53 Elterngeld und andere Sozialleistungen

05 BETREUUNGSGELD FÜR DIE KINDERBETREUUNG ZU HAUSE

55 Berechtigte
57 Höhe
57 Dauer des Bezugs
58 Antrag
59 Besteuerung des Betreuungsgelds
59 Betreuungsgeld und andere Sozialleistungen

06 BAFÖG FÜR ÄLTERE KINDER IN DER AUSBILDUNG

61 Berechtigte
61 Staatsangehörigkeit
61 Eignung
61 Altersgrenze
62 **Förderfähige Ausbildung**
64 **Berechnung**
64 Bedarf
66 Berechnung der individuellen Förderhöhe
68 **Zuschuss oder Darlehen**
69 **Antrag**
70 **Rückzahlung**

07 WOHNGELD FÜR ANGEMESSENES UND FAMILIENGERECHTES WOHNEN

73 Wohngeld für Mieter und Eigentümer
73 Zu berücksichtigende Haushaltsmitglieder
75 Einkommensgrenzen
77 Höhe des Wohngelds
79 Antrag und Verfahren
80 Wohngeld und andere Sozialleistungen

08 LEISTUNGEN DER GESETZLICHEN RENTEN-VERSICHERUNG

82	**Anrechnung der Kindererziehung**
82	Kindererziehungszeiten
84	Berücksichtigungszeiten wegen Kindererziehung
84	**Erziehungsrente als Hilfe für Alleinerziehende**
85	Voraussetzungen
85	Berechnung der Rente
85	Beginn und Ende der Rentenzahlung
86	**Versorgung von Hinterbliebenen**
86	Witwen- oder Witwerrente
88	Rentensplitting unter Ehegatten
89	Hilfen für Waisen
91	**Rehabilitation für Kinder**
91	Voraussetzungen
91	Leistungen

09 LEISTUNGEN DER GESETZLICHEN KRANKEN-VERSICHERUNG

93	**Beitragsfreie Familienversicherung**
94	Besondere Voraussetzungen für Kinder
94	Ausschluss der Mitversicherung von Kindern
95	**Zuzahlungen**
95	Geringere Belastungsgrenzen durch höhere Freibeträge für Familien
96	Zuzahlungsbefreiung für Kinder
97	**Besondere Leistungen für Familien**
97	Kinderkrankengeld
99	Haushaltshilfe
100	Weitere Leistungen

10 LEISTUNGEN DER GRUNDSICHERUNG

102	**Berechtigte**
102	Arbeitslosengeld II
102	Sozialgeld
103	Grundsicherung bei Erwerbsminderung
103	Hilfe zum Lebensunterhalt
103	**Höhe der Leistungen**
104	Regelleistungen zur Sicherung des Lebensunterhalts
105	Zuschläge
106	Einmalige Leistungen
106	**Leistungen für Kinder nach dem Bildungs- und Teilhabepaket**
106	Berechtigte
107	Leistungen
108	Antrag und Verfahren

11 LEISTUNGEN DES ARBEITGEBERS

110	**Mutterschutzlohn als Entgeltfortzahlung bei Beschäftigungsverbot**
110	Berechtigte
110	Voraussetzungen
111	Berechnung und Dauer
112	**Anspruch auf Freistellung durch den Arbeitgeber**
113	**Vermögenswirksame Leistungen für den privaten Vermögensaufbau**
113	Anspruch
114	Anlageformen
115	Staatliche Förderung durch Arbeitnehmersparzulage
116	Antrag

12 WEITERE FINANZIELLE HILFEN FÜR FAMILIEN

118	**Kinderzulage im Riester-Vertrag**
118	Förderberechtigte Personen
118	Staatliche Förderung
120	Förderfähige Sparformen
121	Antrag
121	**Unterhaltsvorschuss für Alleinerziehende**
122	Berechtigte
123	Höhe
124	Bezugsdauer
124	Antrag und Verfahren
125	Mitteilungspflichten
126	**Hilfe aus der Bundesstiftung Mutter und Kind**
127	**Landeserziehungsgeld in einigen Bundesländern**
127	Landeserziehungsgeld in Bayern
128	Landeserziehungsgeld in Sachsen
129	**Bildungskredit für Ausbildung und Studium**
130	Berechtigte
130	Fördervoraussetzungen
131	Förderung
131	Antrag und Verfahren
132	**Berufsausbildungsbeihilfe**
132	Berechtigte
132	Förderfähige Berufsausbildung
133	Höhe
134	Dauer der Leistungen
134	Antrag
135	**Wohnungsbauprämie beim Bausparen**
135	Berechtigte
135	Staatliche Förderung
135	Wohnwirtschaftliche Verwendung
136	Antrag
136	**Hilfe beim Bau eines Eigenheims**
136	Hilfe beim Bau oder Kauf des selbst genutzten Eigenheims
138	Hilfe beim Bau oder Kauf eines energieeffizienten Wohngebäudes

13 HEIRAT – EIN STEUERSPARMODELL?

140	Was sich durch die Heirat bei der Einkommensteuer ändert
142	Änderung der Lohnsteuerklassen
143	Ein Ehepaar – zwei Wohnsitze?
145	Zusammenleben ohne Trauschein
146	Abzug von Unterhaltsleistungen bei nicht ehelicher Lebensgemeinschaft
147	Abzug von Unterhaltsleistungen des Kindsvaters

14 STEUERLICHE ENTLASTUNG VON ELTERN

150	Berücksichtigung von Kindern
151	**Kinderfreibeträge können zu zusätzlicher Steuererstattung führen**
151	Wechselwirkung zwischen Kindergeld und Kinderfreibetrag
152	Finanzamt muss die für die Eltern günstigere Variante wählen
152	Achtung: Falsche Entscheidung der Familienkasse kann bindend sein
153	**Besonderheiten bei Alleinerziehenden**
153	Kinderfreibeträge bei Alleinerziehenden
154	Kinder, die bei ihren Groß- oder Stiefeltern aufwachsen
155	Wechselwirkung zwischen Kindergeld und Kinderfreibetrag bei Patchworkfamilien
155	Entlastungsbetrag für Alleinerziehende
156	**Kinderbetreuungskosten**
157	Voraussetzungen für den Abzug
158	Besonderheiten bei getrennt lebenden/unverheirateten Eltern
159	Begünstigte Aufwendungen
160	Betreuung durch Angehörige
161	Berechnungsbeispiele
162	Minderung der Einkünfte für außersteuerliche Zwecke
162	Vom Arbeitgeber übernommene Kinderbetreuungskosten

15 STEUERERMÄSSIGUNG FÜR HAUSHALTSNAHE UND ANDERE DIENSTLEISTUNGEN

164 Steuerermäßigung bedeutet Abzug von der Steuer
165 Welche Haushaltsleistungen begünstigt sind
165 Minijobber als Haushaltshilfe, Haushaltsscheckverfahren
166 Sozialversicherungspflichtige Haushaltshilfen
167 Haushaltsnahe Dienstleistungen
168 Bestimmte Pflege- und Betreuungsleistungen
169 Kinderbetreuungskosten nur als Sonderausgaben abziehbar
169 Steuerermäßigung wirkt unabhängig von Progression
170 **Steuerermäßigung für Handwerkerleistungen**
171 **Zusammenfassender Überblick über die Steuerermäßigung nach § 35a EStG**

16 BILDUNGSKOSTEN

174 **Schulgeld für Privatschulen**
175 **Ausbildungsfreibetrag**
175 Voraussetzungen für den Ausbildungsfreibetrag
176 Besonderheiten bei getrennt lebenden Eltern
176 **Kinder, die die Altersgrenze für das Kindergeld überschritten haben und noch in der Ausbildung sind**
177 Abzug von Unterhaltsaufwendungen
177 Krankenversicherungsbeiträge sind zusätzlich zum Höchstbetrag abziehbar
178 Eigene Einkünfte und Bezüge des Kindes vermindern den Höchstbetrag
180 **Welche Studienkosten das Kind selbst abziehen kann**

17 VORSORGEAUFWENDUNGEN BEI FAMILIEN

183 Voll abziehbare Kranken- und Pflegeversicherungsbeiträge
184 Sonstige Vorsorgeaufwendungen
185 Geförderte Altersvorsorgeaufwendungen

18 KRANKHEITS- UND ÄHNLICHE KOSTEN BEI FAMILIEN

187	Was Krankheitskosten sind
188	Wie der Nachweis zu erbringen ist
189	Auswärtige Unterbringung von Kindern/Schulgeld
189	Geburts-/Adoptionskosten
190	Überschreiten der zumutbaren Belastung

19 AUFWENDUNGEN FÜR BEHINDERTE FAMILIENMITGLIEDER

192	Abzug der tatsächlichen Aufwendungen gemäß § 33 EStG
192	Wer behinderungsbedingte Aufwendungen abziehen darf
193	Welche Aufwendungen abziehbar sind
196	Pauschbeträge für Behinderte
197	Übertragung des Behinderten-Pauschbetrags
198	Pflege-Pauschbetrag
199	Verhältnis von § 33b zu anderen außergewöhnlichen Belastungen und zu § 35a EStG

20 BEENDIGUNG DER EHE

202	Möglichst lange zusammen veranlagen lassen
203	Abzug der Scheidungskosten als außergewöhnliche Belastung
203	Nach der Scheidung möglichst „Realsplitting"
206	Einkommensteuer bei Verwitweten
207	Besonderheiten bei Wiederverheiratung im Jahr der Scheidung

21 ÜBERTRAGUNG VON VERMÖGEN AUF KINDER

209 Gestaltungen bei der Einkommensteuer
210 Erbschaft- und Schenkungsteuer

211 Stichwortverzeichnis
213 Impressum

MUTTERSCHAFTSGELD VOR UND NACH DER GEBURT

01

Das Mutterschutzgesetz sieht vor, dass Mütter in den sechs Wochen vor der Geburt nicht arbeiten sollen und in den acht Wochen nach der Geburt – bei Früh- und Mehrlingsgeburten sogar zwölf Wochen danach – nicht arbeiten dürfen, und zwar nicht einmal dann, wenn sie es wollten. Zum Ausgleich finanzieller Einbußen während dieser Mutterschutzfristen sind Frauen in der Regel durch das Mutterschutzgeld und einen Zuschuss, den der Arbeitgeber zu tragen hat, abgesichert.

MUTTERSCHAFTSGELD DER GESETZLICHEN KRANKENVERSICHERUNG

Erwerbstätige Frauen, die gesetzlich krankenversichert sind und Anspruch auf Krankengeld haben, können während der Schutzfristen Mutterschaftsgeld beziehen. Dabei ist es unerheblich, ob die Frauen gesetzlich oder freiwillig Mitglied einer gesetzlichen Krankenversicherung sind.

Tipp
Weitere Informationen zum Mutterschaftsgeld enthält die Broschüre „Mutterschutzgesetz – Leitfaden zum Mutterschutz" des Bundesministeriums für Familie, Senioren, Frauen und Jugend, Glinkastraße 24, 10117 Berlin. Im Internet gibt es den Ratgeber unter www.bmfsfj.de zum Herunterladen.

Frauen, bei denen das Arbeitsverhältnis beginnt, wenn die Schutzfrist schon läuft, haben von dessen Beginn an Anspruch auf Mutterschaftsgeld, vorausgesetzt, sie sind Mitglied einer gesetzlichen Krankenversicherung. Kein Mutterschaftsgeld erhalten Hausfrauen, Beamtinnen, privat krankenversicherte Arbeitnehmerinnen oder Selbstständige.

In welcher Höhe Mutterschaftsgeld gezahlt wird, hängt von dem um die gesetzlichen Abzüge verminderten Arbeitsentgelt der letzten drei abgerechneten Kalendermonate ab. Es beträgt jedoch höchstens 13 Euro pro Kalendertag (je nach Länge des Monats höchstens 364 bis 403 Euro); den Rest, also den Unterschied zwischen den kalendertäglichen 13 Euro und dem letzten Einkommen, bezahlt der Arbeitgeber (vgl. unten).

A hat vor Beginn der Schutzfrist in den letzten drei Monaten jeweils 1.020 Euro netto verdient. Umgerechnet auf einen Kalendertag sind das 34 Euro (1.020 Euro x 3 = 3.060 Euro, geteilt durch 90 Tage). Sie erhält 13 Euro pro Kalendertag von ihrer Krankenkasse (wegen des Arbeitgeberzuschusses vgl. unten).

Auch Frauen, die eine geringfügige Beschäftigung ausüben, also bis 450 Euro pro Monat verdienen und keinen Anspruch auf Krankengeld haben (z. B. Studentinnen), erhalten Mutterschaftsgeld bis zu 13 Euro kalendertäglich von ihrer Krankenkasse, wenn ihnen während der Schutzfristen kein Arbeitsentgelt gezahlt wird.

B hat vor Beginn der Schutzfrist in den letzten drei Monaten jeweils 330 Euro netto verdient. Umgerechnet auf einen Kalendertag sind das 11 Euro. Sie erhält 11 Euro pro Kalendertag von ihrer Krankenkasse, jedoch keinen Zuschuss ihres Arbeitgebers.

Frauen, die zu Beginn der Schutzfrist in einer gesetzlichen Krankenversicherung mit Anspruch auf Krankengeld versichert, aber gleichzeitig nicht abhängig beschäftigt sind (z. B. Selbstständige), erhalten Mutterschaftsgeld in Höhe des Krankengeldes.

Frauen, die bei Beginn der Schutzfrist arbeitslos oder als Bezieherin von Arbeitslosengeld bei Arbeitslosigkeit oder nach beruflicher Weiterbildung nach dem SGB III gesetzlich krankenversichert sind, erhalten Mutterschaftsgeld durch die gesetzliche Krankenkasse in Höhe des Arbeitslosengelds.

Tipp

Werdende Mütter, die Arbeitslosengeld II beziehen, erhalten ab der dritten Schwangerschaftswoche bis zum Entbindungstag zusätzlich einen Mehrbedarf in Höhe von 17 Prozent der maßgebenden Regelleistung (z. B. für Alleinstehende 60 Euro). Darüber hinaus werden auf Antrag gesonderte Leistungen zur Erstausstattung für Bekleidung und Erstausstattung für Gegenstände bei Schwangerschaft und Geburt durch die Jobcenter erbracht.

ZUSCHUSS DES ARBEITGEBERS

Frauen mit Anspruch auf Mutterschaftsgeld erhalten während ihres bestehenden Arbeitsverhältnisses für die Zeit der Schutzfristen sowie für den Entbindungstag von ihrem Arbeitgeber einen Zuschuss zum Mutterschutzgeld: Dieser ist so bemessen, dass er die Differenz zwischen 13 Euro und dem durchschnittlichen kalendertäglichen Nettolohn ausgleicht. Der Zuschuss wird immer zu dem Termin fällig, zu welchem zuvor das Arbeitsentgelt fällig war. Keinen Anspruch auf den

Zuschuss haben selbstständig erwerbstätige und arbeitslose Frauen. Ebenfalls keinen Anspruch haben Frauen während des Zeitraums, in dem sie Elternzeit in Anspruch nehmen.

A hat vor Beginn der Schutzfrist in den letzten drei Monaten jeweils 960 Euro netto verdient. Umgerechnet auf einen Kalendertag sind das 32 Euro (960 Euro x 3 = 2.880 Euro, geteilt durch 90 Tage). Sie erhält 13 Euro pro Kalendertag von ihrer Krankenkasse und weitere 19 Euro von ihrem Arbeitgeber als Zuschuss.

Zulagen und Zuschläge

Neben der regelmäßigen festen Vergütung (Monats-, Wochen- oder Stundenlohn) und regelmäßig gezahlten leistungsabhängigen Entgeltbestandteilen (z. B. Provisionen) zählen auch Zulagen (z. B. Erschwerniszulagen) und Zuschläge (z. B. für Überstunden) zum Arbeitsentgelt, das berücksichtigt werden muss. Übt die Frau neben einer hauptberuflichen noch eine Nebentätigkeit aus, so sind auch die Nebentätigkeitsbezüge für die Berechnung des Arbeitsentgelts zu berücksichtigen. Der Arbeitgeberzuschuss ist von den Arbeitgebern anteilig in dem Verhältnis zu zahlen, in dem die Nettobezüge zueinander stehen.

Auflösung des Arbeitsverhältnisses

Ist das Arbeitsverhältnis während der Schwangerschaft oder während der Schutzfrist nach der Entbindung ausnahmsweise zulässig aufgelöst worden, so finanziert der Bund den Zuschuss. Eine zulässige Auflösung liegt vor, wenn der Arbeitgeber nach Zustimmung der Aufsichtsbehörde das Arbeitsverhältnis gekündigt hat. Ein Arbeitsverhältnis kann während der Schwangerschaft durch Auflösungsvertrag beendet werden. Dann entfällt jedoch der Anspruch auf Mutterschaftsgeld. Bei einem zulässig aufgelösten Arbeitsverhältnis zahlt die Krankenkasse den Zuschuss für ihre Mitglieder oder das Bundesversicherungsamt an familien- und privat krankenversicherte Arbeitnehmerinnen (vgl. unten). Der Zuschuss wird bis zum Ende der Schutzfrist nach der Entbindung gezahlt.

Ebenfalls vom Bund finanziert wird der Arbeitgeberzuschuss, wenn der Arbeitgeber in Insolvenz gegangen ist und daher seine Zahlungsverpflichtungen nicht erfüllen kann.

Bestand zwischen der Arbeitnehmerin und ihrem Arbeitgeber ein befristetes Arbeitsverhältnis, das nach Beginn der Mutterschutzfrist endet, so wird bis zur Beendigung des Arbeitsverhältnisses Mutterschaftsgeld und der entsprechende Arbeitgeberzuschuss gezahlt. Anschließend erhält die Frau von der Krankenkasse Mutterschaftsgeld, und zwar in Höhe des Krankengeldes bis zum Ende der Mutterschutzfrist.

Tipp
Schwangere Frauen sollten sich vor einem Auflösungsvertrag umfassend über die rechtlichen Konsequenzen beraten lassen.

MUTTERSCHAFTSGELD FÜR FAMILIEN- UND PRIVAT KRANKENVERSICHERTE ARBEITNEHMERINNEN

Arbeitnehmerinnen, die nicht selbst Mitglied einer gesetzlichen Krankenkasse sind, z. B. privat krankenversicherte oder in der gesetzlichen Krankenversicherung familienversicherte Frauen (vgl. dazu Seite 93 ff.), erhalten ein verringertes Mutterschaftsgeld. Es beträgt einmalig 210 Euro. Daneben haben diese Frauen Anspruch auf den Arbeitgeberzuschuss, wenn deren Nettogehalt in den letzten drei Monaten über 13 Euro pro Tag lag. Ausgezahlt wird das verringerte Mutterschaftsgeld vom Bundesversicherungsamt (vgl. unten).

Tipp
Wenn Sie privat krankenversichert sind, sollten Sie sich mit Ihrer Versicherung in Verbindung setzen und sich danach erkundigen, welche Leistungen Sie aufgrund Ihres Versicherungsvertrags erhalten.

STEUER UND SOZIALVERSICHERUNG

Das Mutterschaftsgeld und der vom Arbeitgeber zu zahlende Zuschuss zum Mutterschaftsgeld sind steuer- und sozialabgabenfrei. Sie werden aber in den steuerlichen Progressionsvorbehalt einbezogen. Dies bedeutet: das Mutterschaftsgeld und der Zuschuss des Arbeitgebers selbst werden zwar nicht besteuert, bewirken damit aber eine Erhöhung des prozentualen Steuersatzes bei den anderen zu versteuernden Einnahmen.

Beitragsfreie Mitgliedschaft in der Krankenversicherung

Solange Anspruch auf Mutterschutzgeld besteht, bleibt die Mitgliedschaft in der gesetzlichen Krankenversicherung beitragsfrei erhalten. In der Rentenversicherung sind Zeiten, in denen eine versicherungspflichtige Beschäftigung durch die Schutzfristen nach dem Mutterschutzgesetz unterbrochen wird, als Anrechnungszeiten zu berücksichtigen (vgl. auch Seite 82 ff.). In der Arbeitslosenversicherung besteht uneingeschränkte Versicherungspflicht während des Mutterschaftsgeldbezugs.

Vorsicht
Das vom Bundesversicherungsamt zu zahlende Mutterschaftsgeld wird ebenfalls nur auf Antrag gewährt. Der Antrag ist an das Bundesversicherungsamt (Mutterschaftsgeldstelle), Friedrich-Ebert-Allee 38, 53113 Bonn, zu richten. Antragsformulare stehen auch im Internet zur Verfügung (www.bva.de).

ANTRAG

Das Mutterschaftsgeld muss bei der Krankenkasse beantragt werden, der Zuschuss beim Arbeitgeber. Das Mutterschaftsgeld kann frühestens sieben Wochen vor dem errechneten Entbindungstermin beantragt werden, da die notwendige Bescheinigung des Arztes frühestens eine Woche vor Beginn der Schutzfrist ausgestellt werden darf. Im Antrag muss das Nettogehalt angegeben und belegt werden. Unter Umständen zahlt die Krankenkasse einen Teil des Mutterschaftsgelds auch als Vorschuss.

KINDERGELD FÜR ALLE ELTERN

02

Der Anspruch auf Kindergeld ist im Einkommensteuergesetz geregelt. Denn es ist eine Ausgleichszahlung, um das steuerliche Existenzminimum des Kindes zu sichern. Die Höhe der Leistung hängt von der Anzahl der Kinder ab – und Kindergeld wird nur auf Antrag gewährt.

ZIELSETZUNG VON KINDERGELD-ZAHLUNGEN

Das Kindergeld soll die Grundversorgung für jedes Kind gewährleisten. Es ist ein Ausgleich dafür, dass durch die Besteuerung des Einkommens der Eltern auch das Existenzminimum des Kindes besteuert wird. Dieses steuerliche Existenzminimum soll durch das Kindergeld gesichert werden. Das Kindergeld ist quasi eine Vorauszahlung auf die Steuererstattung, die wegen der Steuerfreiheit des Existenzminimums des Kindes am Ende des Jahres fällig wäre. Somit handelt es sich beim Kindergeld zunächst auch nicht um eine staatliche Sozialleistung, sondern um eine steuerliche Ausgleichszahlung.

„Günstigerprüfung" des Finanzamts

Das Existenzminimum des Kindes muss nach dem Willen des Bundesverfassungsgerichts steuerfrei bleiben. Aus diesem Grund gibt es Kinderfreibeträge (vgl. dazu Seite 151 ff.). Während des Jahres wird für das Kind nur Kindergeld gezahlt. Erst im Rahmen der jährlichen Steuerveranlagung überprüft das Finanzamt automatisch, ob sich durch die Freibeträge betragsmäßig ein höherer Steuervorteil ergibt als durch das Kindergeld (sogenannte Günstigerprüfung). Bei einem sehr hohen Einkommen ist die steuerliche Entlastung durch den Freibetrag höher als das Kindergeld. Ist der Steuervorteil geringer als das gezahlte Kindergeld, wird dies nicht zurückgefordert oder angerechnet. Nur soweit das Kindergeld über den Betrag hinausgeht, den die Eltern als Steuern zu viel gezahlt haben, ist es eine staatliche Förderung der Familien.

Tipp

Eingehende Informationen finden Sie in der Broschüre „Merkblatt Kindergeld" der Agentur für Arbeit, die Sie im Internet unter www.arbeitsagentur.de abrufen können. Sie können sich aber auch an die für Sie zuständige Familienkasse der Agentur für Arbeit wenden. Für Fragen und persönliche Anliegen steht Ihnen auch die Service-Rufnummer der Familienkasse zur Verfügung. Tel. (0 18 01) 54 63 37 (Festnetzpreis 3,9 ct/min; Mobilfunkpreise höchstens 42 ct/min). Servicezeiten: Montag bis Freitag von 8 bis 18 Uhr.

Für die Steuerpflichtigen ist das Kindergeld deshalb auch im Einkommensteuergesetz geregelt. Nur für die nicht steuerpflichtigen Anspruchsberechtigten und für Vollwaisen, die das Kindergeld selbst erhalten, sind statt des Einkommensteuergesetzes die Regelungen des Bundeskindergeldgesetzes anzuwenden. Beide Gesetze enthalten jedoch im Kern identische Regelungen.

BERECHTIGTE

Kindergeld wird grundsätzlich an den Kindergeldberechtigten (in der Regel die Eltern) ausgezahlt. Nur wenn das Kind Vollwaise ist oder den Aufenthalt seiner Eltern nicht kennt und kein anderer für dieses Kind bereits Kindergeld erhält, wird das Kindergeld direkt an das Kind ausgezahlt. Gleiches gilt, wenn der Kindergeldberechtigte seiner gesetzlichen Unterhaltspflicht gegenüber dem Kind nicht nachkommt.

Eltern

Anspruch auf Kindergeld nach dem Einkommensteuergesetz besteht für Deutsche, wenn sie in Deutschland ihren Wohnsitz oder gewöhnlichen Aufenthalt haben, oder wenn sie im Ausland wohnen, aber in Deutschland unbeschränkt einkommensteuerpflichtig sind oder entsprechend behandelt werden.

In Deutschland wohnende Ausländer können Kindergeld erhalten, wenn sie eine gültige Niederlassungserlaubnis haben. Auch bestimmte Aufenthaltstitel können einen Anspruch begründen. Freizügigkeitsberechtigte Staatsangehörige der Europäischen Union sowie des Europäischen Wirtschaftsraums und Staatsangehörige der Schweiz können Kindergeld unabhängig davon erhalten, ob sie eine Niederlassungs- oder Aufenthaltserlaubnis besitzen.

Ausländer

In Ausnahmefällen kann Kindergeld als Sozialleistung nach dem Bundeskindergeldgesetz erhalten, wer im Ausland wohnt und in Deutschland nicht unbeschränkt steuerpflichtig ist, wenn er

- als Arbeitnehmer eine Beschäftigung ausübt, die der Beitragspflicht der Bundesagentur für Arbeit unterliegt,
- als Entwicklungshelfer oder Missionar tätig ist,
- Rente nach deutschen Rechtsvorschriften bezieht,
- Staatsangehöriger eines Mitgliedstaats der Europäischen Union oder des Europäischen Mitgliedsraums ist und in einem der Mitgliedstaaten lebt.

KINDERGELD FÜR MINDERJÄHRIGE KINDER

Bis zur Vollendung des 18. Lebensjahres wird das Kindergeld für alle Kinder gezahlt. Der Berechtigte erhält es für Kinder

- die mit ihm im ersten Grad verwandt sind (also seine ehelichen, für ehelich erklärten, nicht ehelichen oder adoptierten Kinder), und
- für Kinder seines Ehegatten (Stiefkinder), Enkel- und Pflegekinder, die er in seinem Haushalt aufgenommen hat. Die Pflegekinder müssen wie eigene Kinder zur Familie gehören. Ein Obhuts- oder Betreuungsverhältnis zu den leiblichen Eltern darf nicht mehr bestehen.

Staatsangehörigkeit der Kinder

Kindergeld wird unabhängig von der Staatsangehörigkeit der Kinder gezahlt, wenn sie in Deutschland ihren Wohnsitz oder gewöhnlichen Aufenthalt haben. Dasselbe gilt, wenn die Kinder in einem Mitgliedstaat der Europäischen Union oder des Europäischen Wirtschaftsraums leben.

KINDERGELD FÜR ERWACHSENE KINDER

Für Kinder, die das 18. Lebensjahr bereits vollendet haben, wird Kindergeld nur unter bestimmten zusätzlichen Voraussetzungen gezahlt.

VOLLJÄHRIGE KINDER BIS ZUR VOLLENDUNG DES 25. LEBENSJAHRES

Für ein über 18 Jahre altes Kind kann bis zur Vollendung des 25. Lebensjahres Kindergeld weitergezahlt werden,

- solange es für einen Beruf ausgebildet wird. In einer Berufsausbildung befindet sich derjenige, der das Berufsziel noch nicht erreicht hat, sich aber ernsthaft darauf vorbereitet. Zur Ausbildung für einen Beruf gehören der Besuch allgemeinbildender Schulen, die betriebliche Ausbildung, eine weiterführende Ausbildung sowie die Ausbildung für einen weiteren Beruf.
- wenn es eine Berufsausbildung mangels Ausbildungsplatzes nicht beginnen oder fortsetzen kann. Voraussetzung für den Kindergeldanspruch ist, dass trotz ernsthafter Bemühungen die Suche nach einem Ausbildungsplatz zum frühestmöglichen Zeitpunkt bisher erfolglos verlaufen ist.
- wenn es ein freiwilliges soziales oder ökologisches Jahr im Sinne des Jugendfreiwilligendienstgesetzes oder Bundesfreiwilligendienst ableistet.

Tipp
Kindergeld wird auch für eine Übergangszeit (Zwangspause) von bis zu vier Kalendermonaten gezahlt (z. B. zwischen Schulabschluss und Beginn der Berufsausbildung, vor und auch nach dem freiwilligen Wehrdienst oder einem Freiwilligendienst).

WEGFALL DES KINDERGELDANSPRUCHS BEI ABGESCHLOSSENER ERSTAUSBILDUNG UND ERWERBSTÄTIGKEIT

In den oben genannten Fällen wird ein Kind nach Abschluss einer erstmaligen Berufsausbildung oder eines Erststudiums nur berücksichtigt, wenn es keiner Erwerbstätigkeit nach-

Tipp

Trotz Erwerbstätigkeit besteht ein Kindergeldanspruch, wenn
- die Erwerbstätigkeit im Rahmen eines Ausbildungsverhältnisses ausgeübt wird,
- die Erwerbstätigkeit geringfügig ist, weil das Arbeitsentgelt aus der Beschäftigung regelmäßig im Monat 450 Euro nicht überschreitet oder
- die regelmäßige wöchentliche Arbeitszeit insgesamt nicht mehr als 20 Stunden beträgt.

geht. Dies gilt auch dann, wenn die erstmalige Berufsausbildung bereits vor Vollendung des 18. Lebensjahres abgeschlossen worden ist. Eine Erwerbstätigkeit liegt vor, wenn das Kind einer Beschäftigung nachgeht, die darauf ausgerichtet ist, Einkünfte zu erzielen und den Einsatz seiner persönlichen Arbeitskraft erfordert.

VOLLJÄHRIGE KINDER BIS ZUR VOLLENDUNG DES 21. LEBENSJAHRES

Arbeitslosigkeit

Kindergeld wird auch für ein über 18 Jahre altes Kind bis zur Vollendung des 21. Lebensjahres gezahlt, wenn es nicht in einem Beschäftigungsverhältnis steht und bei einer Agentur für Arbeit im Inland als Arbeitsuchender gemeldet ist. Unschädlich ist eine geringfügige Tätigkeit. Eine solche liegt vor, wenn die Bruttoeinnahmen im Monatsdurchschnitt nicht mehr als 450 Euro betragen.

VOLLJÄHRIGE BEHINDERTE KINDER

Körperliche, geistige oder seelische Behinderung

Für ein über 18 Jahre altes Kind wird Kindergeld gezahlt, wenn es wegen einer körperlichen, geistigen oder seelischen Behinderung nicht in der Lage ist, sich selbst zu unterhalten. Das heißt, dass die ihm zur Verfügung stehenden finanziellen Mittel nicht reichen, um den gesamten notwendigen Lebensbedarf zu bestreiten. Die Behinderung des Kindes muss vor Vollendung des 25. Lebensjahres eingetreten sein. Für die Bezugsdauer gibt es in diesen Fällen keine altersbedingte Grenze.

VERHEIRATETE KINDER

Für verheiratete volljährige Kinder besteht ein Anspruch auf Kindergeld nur dann, wenn die Eltern weiterhin für ihr Kind aufkommen. Das ist der Fall, wenn dessen eigenen Einkünfte und Bezüge sowie das verfügbare Einkommen des Ehegatten so gering sind, dass der Unterhalt des Kindes nicht sichergestellt ist.

ANDERE LEISTUNGEN FÜR KINDER

Kindergeld wird ausnahmsweise nicht gezahlt, wenn das Kind Anspruch auf Kinderzulagen aus der gesetzlichen Unfallversicherung oder auf Kinderzuschüsse aus den gesetzlichen Rentenversicherungen hat oder es im Ausland Leistungen des dortigen Staates oder Leistungen von einer zwischen- oder überstaatlichen Einrichtung erhält, die dem Kindergeld vergleichbar sind.

Tipp
Zwar ist der Anspruch für ein Kind ausgeschlossen, wenn dem Berechtigten oder einer anderen Person für das Kind eine der genannten Leistungen zusteht. Das Kind kann jedoch in diesen Fällen bei einem etwaigen Kindergeldanspruch für jüngere Kinder als Zählkind mitgerechnet werden und dadurch zur Erhöhung des Kindergeldanspruchs beitragen (vgl. dazu Seite 32).

HÖHE DES KINDERGELDS

Das Kindergeld beträgt im Jahr 2013

- für die ersten zwei Kinder 184 Euro,
- für das dritte Kind 190 Euro,
- für jedes weitere Kind 215 Euro.

Achtung: 2014 soll das Kindergeld jeweils um 2 Euro steigen, weil sich der Kinderfreibetrag erhöhen wird.

32 KINDERGELD FÜR ALLE ELTERN

Zählkinder

Die Höhe des Kindergeldbetrags bemisst sich nach der Reihenfolge, in der die Kinder geboren sind. Das älteste Kind ist also stets das erste Kind. Es werden in der Reihe der Kinder auch die sogenannten Zählkinder mitgezählt; das sind Kinder, für die zwar ein Anspruch auf Kindergeld besteht, für die der Berechtigte jedoch kein Kindergeld erhalten kann, weil es vorrangig einem anderen Elternteil zusteht. Kinder, für die überhaupt kein Kindergeldanspruch mehr besteht, zählen in der Reihenfolge nicht mit.

Familie Greiner hat vier Kinder. Sie erhält monatlich 773 Euro Kindergeld (2 x 184 Euro für die Kinder 1 und 2, 190 Euro für das dritte und 215 Euro für das vierte Kind). Wenn für das erste Kind der Kindergeldanspruch wegfällt, rücken die drei jüngeren Kinder an die Stelle des ersten, zweiten und dritten Kindes. Die Familie bekommt jetzt nur noch 558 Euro Kindergeld monatlich (2 x 184 Euro für die Kinder 1 und 2 und 190 Euro für das dritte Kind). Der monatliche Kindergeldanspruch verringert sich also um 215 Euro.

Wahl des Kindergeldberechtigten

Durch die Wahl des Kindergeldberechtigten können Eltern, die Kinder aus einer früheren Beziehung haben, mehr Kindergeld erhalten, weil Zählkinder mitgerechnet werden.

Eine unverheiratete Mutter lebt mit dem Vater ihres Kindes zusammen. Der Vater hat aus seiner früheren Ehe weitere drei Kinder. Wenn der Vater das Kindergeld beantragt, erhält er es in Höhe für das vierte Kind, also 215 Euro, im Gegensatz zur Mutter, die nur 184 Euro erhalten würde. Hier empfiehlt es sich also, dass der Vater zum Kindergeldberechtigten bestimmt wird.

AUSZAHLUNG DES KINDERGELDS

Für ein und dasselbe Kind kann immer nur eine Person Kindergeld erhalten. Grundsätzlich bekommt es derjenige, der das Kind in seinen Haushalt aufgenommen hat. Lebt das Kind nicht im Haushalt eines Elternteils, ist der Elternteil kindergeldberechtigt, der dem Kind laufend den höheren Unterhalt in Geld bezahlt. Lebt das Kind mit beiden Eltern zusammen, können diese untereinander festlegen, wer das Kindgeld erhält. Ist ein Kind in den gemeinsamen Haushalt von Eltern, einem Elternteil und dessen Ehegatten, Pflegeeltern oder Großeltern aufgenommen worden, so bestimmen diese untereinander den Berechtigten. Wird keine Bestimmung getroffen, so legt das Familiengericht auf Antrag den Berechtigten fest. Lebt ein Kind im gemeinsamen Haushalt von Eltern und Großeltern, so wird das Kindergeld vorrangig einem Elternteil ausgezahlt. Ist das Kind nicht in den Haushalt eines Berechtigten aufgenommen, so erhält das Kindergeld derjenige, der dem Kind eine Unterhaltsrente zahlt.

Das Kindergeld wird monatlich durch die Familienkasse der Agentur für Arbeit ausgezahlt. Bei Angehörigen des öffentlichen Dienstes und Empfängern von Versorgungsbezügen wird das Kindergeld in der Regel von ihren Dienstherren oder Arbeitgebern in deren Eigenschaft als Familienkasse festgesetzt und monatlich ausgezahlt.

Familienkasse

Das Kindergeld wird vom Beginn des Monats an gezahlt, an dem die Anspruchsvoraussetzungen erfüllt sind. Der Kindergeldanspruch endet mit Ablauf des Monats, in dem das Kind das 18. Lebensjahr vollendet. Hat das Kind seinen 18. Geburtstag am Ersten eines Monats, so endet der Anspruch auf Kindergeld bereits mit dem Vormonat. Darüber hinaus kann eine Berechtigung unter den oben genannten Bedingungen bestehen. Der Anspruch verjährt vier Jahre nach seiner Entstehung.

Beginn und Ende des Anspruchs

KINDERGELDANTRAG

Schriftlicher Antrag erforderlich

Kindergeld wird nur aufgrund eines schriftlichen Antrags bei der Familienkasse der zuständigen Agentur für Arbeit bewilligt. Für Angehörige des öffentlichen Dienstes und Empfänger von Versorgungsbezügen ist die zuständige Familienkasse in der Regel die Stelle des öffentlich-rechtlichen Arbeitgebers oder Dienstherrn, die die Bezüge festsetzt.

Die Kinder müssen beim Antrag durch amtliche Urkunden nachgewiesen werden. Für über 18 Jahre alte Kinder sind zusätzlich Schulbescheinigungen oder Ausbildungsverträge notwendig.

BERÜCKSICHTIGUNG DES KINDERGELDS BEI SOZIALLEISTUNGEN

Anrechnung des Kindergelds als Einkommen

Beim Bezug von Sozialhilfe wird das Kindergeld als Einkommen angerechnet und von der Sozialhilfe abgezogen. Auch beim Bezug von Arbeitslosengeld II und von Sozialgeld wird das Kindergeld als Einkommen des Kindes bewertet, soweit das Kind das Kindergeld für den Lebensunterhalt benötigt. Hat das Kind etwa durch Unterhalt seinen Lebensunterhalt gedeckt, so wird das Kindergeld bei den Eltern angerechnet und bei deren Anspruch abgezogen.

Keine Anrechnung des Kindergelds erfolgt bei der Bewilligung des Elterngelds, bei der Berechnung der Ausbildungsförderung und des Wohngelds.

KINDERZUSCHLAG FÜR ELTERN MIT GERINGEM EINKOMMEN

03

Der Kinderzuschlag ist eine Leistung des Staates, die Familien mit geringem Einkommen entlasten soll. Viele erwerbstätige Eltern brauchen den Kinderzuschlag als zusätzliche finanzielle Unterstützung neben dem Kindergeld, weil ihr Einkommen nicht ausreicht, um den Unterhalt ihrer Kinder umfassend zu sichern. Vor allem Familien mit mehreren Kindern profitieren von dieser Leistung. Ohne Kinderzuschlag wären die Eltern zusätzlich auf Arbeitslosengeld II angewiesen.

BERECHTIGTE

Den Kinderzuschlag können einkommensschwache Eltern erhalten, die mit ihrem unverheirateten Kind, das noch keine 25 Jahre als ist, in einem Haushalt leben. Ob die Eltern verheiratet sind, ob sie eheähnlich oder in einer eingetragenen Lebenspartnerschaft zusammenleben oder getrennt sind, spielt keine Rolle. Den Kinderzuschlag erhält aber nur, wer auch Kindergeld (vgl. Seite 26 ff.) oder einen entsprechenden Ersatz erhält. Voraussetzung für den Anspruch ist, dass das Kind gemeinsam mit dem Berechtigten in dessen Wohnung lebt und dort betreut und versorgt wird.

Tipp

Das Verfahren zur Berechnung des Kinderzuschlags ist sehr kompliziert. Eingehende Informationen finden Sie in der Broschüre „Merkblatt Kinderzuschlag" der Agentur für Arbeit, die Sie im Internet unter www.kinderzuschlag.de abrufen können. Sie können auch den Kinderzuschlagsrechner des Buncesfamilienministeriums nutzen (www.bmfsfj.de). Dort erhalten Sie Auskunft, ob diese staatliche Hilfe für Sie in Betracht kommt und wie viel gezahlt würde.

Auszahlung an Kindergeldberechtigten

Für ein und dasselbe Kind kann immer nur eine Person Kinderzuschlag erhalten. In aller Regel wird der Kinderzuschlag an denjenigen Elternteil gezahlt, der auch das Kindergeld beantragt hat oder bezieht. Ist der Kindergeldanspruch ausgeschlossen und sind die Kinder außer beim Antragsteller auch bei dem im gemeinsamen Haushalt lebenden anderen Elternteil zu berücksichtigen, können diese untereinander bestimmen, wer den Kinderzuschlag erhalten soll. Kann eine solche Bestimmung nicht einvernehmlich getroffen werden, legt das Familiengericht auf Antrag fest, an wen der Kinderzuschlag gezahlt wird.

HÖHE

Der Kinderzuschlag beträgt für jedes zu berücksichtigende Kind jeweils bis zu 140 Euro monatlich. Er wird mit dem Kindergeld ausgezahlt. Insgesamt ergibt das zusammen mit dem Kindergeld 324 Euro im Monat. Beim dritten Kind sind es zusammen 330 Euro monatlich und bei einem vierten oder weiteren Kind zusammen mit dem Kindergeld 355 Euro monatlich.

VORAUSSETZUNGEN

Eltern haben Anspruch auf Kinderzuschlag für ihre unverheirateten, unter 25 Jahre alten Kinder, die in ihrem Haushalt leben, wenn

- für diese Kinder Kindergeld oder eine Ersatzleistung bezogen wird,
- die monatlichen Einnahmen der Eltern die Mindesteinkommensgrenze erreichen,
- das zu berücksichtigende Einkommen und Vermögen die Höchsteinkommensgrenze nicht erreicht und
- der Bedarf der Familie durch die Zahlung von Kinderzuschlag und eventuell zustehendem Wohngeld (vgl. Seite 73 ff.) gedeckt ist und deshalb kein Anspruch auf Arbeitslosengeld II oder Sozialgeld besteht.

Tipp
Laut Agentur für Arbeit gilt folgende Faustregel: Eltern mit Kindern, die nur Arbeitslosengeld II, Sozialgeld oder Sozialhilfe beziehen und sonst kein Einkommen oder Vermögen haben, können daneben nur das Kindergeld, aber keinen Kinderzuschlag erhalten.

MINDESTEINKOMMEN DER ELTERN

Für Elternpaare gilt eine Mindesteinkommensgrenze von 900 Euro, für Alleinerziehende von 600 Euro. Den Kinderzuschlag können Eltern nur dann beanspruchen, wenn ihre monatlichen Einnahmen (Bruttoeinkommen aus Erwerbstätigkeit, Arbeitslo-

Tipp
Ob es sinnvoll ist, Kinderzuschlag zu beantragen, wenn eine Familie tatsächlich nur 900 Euro bzw. 600 brutto im Monat hat, steht auf einem anderen Blatt. Was günstiger und möglich ist, muss man im Einzelfall genau durchrechnen. Hilfe erhalten Sie dabei von der Agentur für Arbeit.

sengeld, Krankengeld etc.) diese Mindesteinkommensgrenzen erreichen (ohne Wohngeld und Kindergeld).

HÖCHSTEINKOMMENSGRENZEN DER ELTERN

Vorsicht
Überschreitet das zu berücksichtigende Einkommen und Vermögen die Höchsteinkommensgrenze, besteht kein Anspruch auf Kinderzuschlag.

Zwar müssen die monatlichen Einnahmen der Eltern die genannte Mindesteinkommensgrenze erreichen, gleichzeitig darf aber das zu berücksichtigende Einkommen und Vermögen die Höchsteinkommensgrenze nicht übersteigen. Letztere setzt sich aus dem elterlichen Bedarf nach den Regelungen zum Arbeitslosengeld II und dem prozentualen Anteil an den angemessenen Wohnkosten (Bemessungsgrenze) sowie dem Gesamtkinderzuschlag zusammen.

Zunächst gehören zur Bemessungsgrenze die pauschalierten Bedarfe zur Sicherung des Lebensunterhalts (Regelbedarf und gegebenenfalls Mehrbedarfe). Diese bemessen sich zurzeit wie folgt:

Berechtigte	Betrag in Euro
alleinstehende Personen	382
volljährige Partner innerhalb einer Bedarfsgemeinschaft	345
Kinder bis zur Vollendung des 6. Lebensjahres	224
Kinder ab Beginn des 7. Lebensjahres bis zur Vollendung des 14. Lebensjahres	255
Kinder ab Beginn des 15. bis zur Vollendung des 18. Lebensjahres	289
Volljährige bis zur Vollendung des 25. Lebensjahres in einer Bedarfsgemeinschaft	306

Mehrbedarfe

Zu diesen Regelbedarfen kommen unter Umständen noch besondere Mehrbedarfe. So werden z. B. zusätzlich zugebilligt

- einer werdenden Mutter nach der zwölften Schwangerschaftswoche ein Mehrbedarf von 17 Prozent der Regelleistung,

- einer Alleinerziehenden ein Mehrbedarf von 12 Prozent der Regelleistung,
- einer Alleinerziehenden mit einem Kind unter sieben Jahren oder mehreren Kindern unter 16 Jahren ein Mehrbedarf von 36 Prozent der Regelleistung,
- einem Behinderten ein Mehrbedarf von 35 Prozent der Regelleistung.

Zu den genannten pauschalierten Regelbedarfen und unter Umständen auch Mehrbedarfen zur Sicherung des Lebensunterhalts kommt noch der prozentuale Anteil an den Bedarfen für Unterkunft und Heizung der Eltern. Hier wird aber nur der Anteil der Wohnkosten angesetzt, der auf die Eltern entfällt. Danach ergeben sich folgende Anteile:

Unterkunft und Heizung

Alleinstehende Eltern mit	Wohnanteil des Elternteils in Prozent	Elternpaare mit	Wohnanteil der Eltern in Prozent
1 Kind	76,34	1 Kind	83,14
2 Kindern	61,74	2 Kindern	71,15
3 Kindern	51,82	3 Kindern	62,18
4 Kindern	44,65	4 Kindern	55,22
5 Kindern	39,23	5 Kindern	49,66

Die Höchsteinkommensgrenze setzt sich zusammen aus

Höchsteinkommensgrenze

- der Bemessungsgrenze (Summe der pauschalierten Bedarfe zur Sicherung des Lebensunterhalts) und prozentualer Anteil an den Bedarfen für Unterkunft und Heizung) und
- dem Gesamtkinderzuschlag.

Damit die Eltern Kinderzuschlag erhalten können, muss das monatliche Bruttoeinkommen unter dieser Höchsteinkommensgrenze liegen (daneben aber auch, wie oben dargelegt, die Mindesteinkommensgrenze erreichen).

Ein Ehepaar lebt mit zwei Kindern in einem gemeinsamen Haushalt. Die angemessene monatliche Miete beträgt 600 Euro. Die Höchsteinkommensgrenze berechnet sich wie folgt:

Grundbedarf (Regelleistung für Elternpaar)	674 Euro
+ Wohnbedarf der Eltern (71,15 %)	427 Euro
= Bemessungsgrenze (Bedarf der Eltern)	1.101 Euro
+ Gesamtkinderzuschlag (2 x 140 Euro)	280 Euro
= Höchsteinkommensgrenze	1.381 Euro

Die Eltern können damit Kinderzuschlag erhalten, wenn ihr monatliches Bruttoeinkommen mindestens 900 Euro beträgt und das zu berücksichtigende Einkommen und Vermögen unter 1.381 Euro liegt.

VERMEIDUNG DER HILFEBEDÜRFTIGKEIT NACH SGB II

Deckung des Bedarfs der Familie

Der errechnete Kinderzuschlag wird nur gezahlt, wenn dieser zusammen mit anderem Einkommen und Vermögen der Familie und eventuell zustehendem Wohngeld ausreicht, den Bedarf der gesamten Familie zu gewährleisten, sodass kein Anspruch auf Arbeitslosengeld II oder Sozialgeld besteht. Bei Personen, die Mehrbedarfe z. B. wegen Schwangerschaft, Alleinerziehung oder Behinderung beanspruchen, können diese außer Acht gelassen werden, wenn festgestellt wird, ob Hilfebedürftigkeit vermieden wird. Damit wird der Zugang zur Leistung Kinderzuschlag für diese Personengruppe erleichtert.

Tipp

Sie haben auch das Recht auf Kinderzuschlag zu verzichten, wenn Sie stattdessen höhere Ansprüche nach dem SGB II geltend machen wollen und der Bezug von Kinderzuschlag zu einer geringeren Leistung führt. Ihr Wahlrecht können Sie aber nur dann sinnvoll ausüben, wenn Sie die möglichen Vor- und Nachteile kennen. Lassen Sie sich deshalb unbedingt umfassend beraten (vgl. dazu auch unten).

BERECHNUNG

Der Kinderzuschlag für jedes im Haushalt lebende Kind, für das die Eltern Anspruch auf Kindergeld haben, beträgt maximal 140 Euro monatlich.

Eigenes Einkommen und Vermögen des Kindes (z. B. Unterhalt, nicht aber Kindergeld) werden vom höchstmöglichen Kinderzuschlag (140 Euro) abgezogen. Kein Kinderzuschlag wird also gezahlt, wenn das Einkommen und/oder Vermögen über 140 Euro liegt. Bei mehreren Kindern wird von dem für jedes einzelne Kind zustehenden höchstmöglichen Kinderzuschlagsbetrag das jeweilige Einkommen bzw. Vermögen abgezogen und die individuell geminderten Kinderzuschlagsbeträge werden dann zum Gesamtkinderzuschlagsbetrag zusammengerechnet.

Einkommen und Vermögen des Kindes

Verbleiben nach dem individuellen Abzug von Einkommen und Vermögen jedes der Kinder vom jeweiligen Kinderzuschlag einzelne zusammenzurechnende Kinderzuschlagsbeträge, wird dieser restliche Gesamtkinderzuschlag noch durch das zu berücksichtigende Einkommen oder auch durch das Vermögen der Eltern gemindert, das die Bemessungsgrundlage übersteigt. Bei Einkünften aus einer selbstständigen oder nicht selbstständigen Erwerbstätigkeit vermindert sich der Betrag um fünf von jeweils zehn vollen Euro, die das Einkommen der Eltern die Bemessungsgrenze übersteigt. Andere Einkünfte und auch Vermögen müssen dagegen in vollem Umfang abgezogen werden.

Tipp

Die Berechnung des Kinderzuschlags ist sehr kompliziert. Im Einzelfall bleibt nichts anderes übrig, als sich an die zuständige Familienkasse der Agentur für Arbeit zu wenden. Für Fragen und persönliche Anliegen steht Ihnen auch die Service-Rufnummer der Familienkasse zur Verfügung. Tel. (0 18 01) 54 63 37 (Festnetzpreis 3,9 ct/min; Mobilfunkpreise höchstens 42 ct/min). Servicezeiten: montags bis freitags von 8 bis 18 Uhr.

ANTRAG

Der Kinderzuschlag muss bei der Familienkasse der Agentur für Arbeit beantragt werden. Dies gilt auch, wenn ein Elternteil im öffentlichen Dienst beschäftigt ist. Einkommen und Vermögen müssen grundsätzlich durch entsprechende Nachweise belegt werden. Welche Unterlagen im Einzelnen erforderlich sind, ergibt sich aus dem Antrag auf Kinderzuschlag.

> **Vorsicht**
> Stellen Sie den Antrag so schnell wie möglich, weil für Monate vor der Antragstellung grundsätzlich kein Kinderzuschlag gezahlt wird.

Wenn Sie Kinderzuschlag erhalten, müssen Sie der Familienkasse unverzüglich alle Änderungen in Ihren Verhältnissen, die sich auf die Leistung auswirken können, mitteilen (z. B. Änderung der Einkommens- und Vermögensverhältnisse oder Änderung der Zahl der Haushaltsmitglieder). Wenn Sie Veränderungen verspätet oder gar nicht mitteilen, müssen Sie den zu Unrecht gezahlten Kinderzuschlag zurückzahlen und außerdem auch mit einer Geldbuße rechnen.

Haben Sie zunächst Arbeitslosengeld II oder Sozialgeld bezogen und erhalten Sie jetzt Kinderzuschlag, so müssen Sie dies dem Jobcenter mitteilen.

04 ELTERNGELD FÜR DIE ZEIT NACH DER GEBURT

Mit dem Elterngeld will der Staat Eltern in der Frühphase ihrer Elternschaft finanziell unterstützen und dazu beitragen, dass sie sich in diesem Zeitraum selbst um die Betreuung ihrer Kinder kümmern können. Wenn Eltern ihre Erwerbstätigkeit unterbrechen oder reduzieren, erhalten sie einen an ihrem individuellen Einkommen orientierten Ausgleich dafür, dass sie im ersten Lebensjahr des Kindes nicht mehr (voll) arbeiten. Damit soll das Elterngeld Müttern und Vätern die Entscheidung für eine berufliche Auszeit nach der Geburt des Kindes erleichtern.

BERECHTIGTE

Anspruch auf Elterngeld hat, wer

- seinen Wohnsitz oder seinen gewöhnlichen Aufenthalt in Deutschland hat,
- mit seinem Kind in einem Haushalt lebt,
- dieses Kind selbst betreut und erzieht und
- keine oder keine volle Erwerbstätigkeit ausübt.

Keine volle Erwerbstätigkeit liegt vor, wenn die wöchentliche Arbeitszeit 30 Wochenstunden im Durchschnitt nicht übersteigt oder eine Beschäftigung zur Berufsausbildung ausgeübt wird. Wer mehr als 30 Stunden pro Woche arbeitet, gilt als voll erwerbstätig und hat keinen Anspruch auf Elterngeld.

Wenn beide Elternteile die Voraussetzungen für Elterngeld erfüllen, bestimmen sie selbst, wer von ihnen das Elterngeld in Anspruch nimmt. Die im Antrag getroffene Entscheidung ist dann grundsätzlich verbindlich.

Elterngeld gibt es nicht nur für die leiblichen Kinder. Anspruch auf Elterngeld besteht nämlich auch, wenn

- ein Kind mit dem Ziel der Adoption in den gemeinsamen Haushalt aufgenommen wurde,
- ein Kind des Ehegatten oder Lebenspartners in den Haushalt aufgenommen wurde, oder
- die Vaterschaft anerkannt werden soll.

> **Tipp**
> Weitere Informationen enthält die Broschüre „Elterngeld und Elternzeit" des Bundesministeriums für Familie, Senioren, Frauen und Jugend, Glinkastraße 24, 10117 Berlin. Im Internet kann der Ratgeber unter www.bmfsfj.de heruntergeladen werden.

> **Tipp**
> Um Elterngeld zu beziehen, muss keine Elternzeit genommen werden. Anspruch auf Elterngeld hat also auch eine Hausfrau oder eine selbstständige Person, ebenso ein Auszubildender oder Studierender. Eine Arbeitnehmerin bzw. ein Arbeitnehmer muss jedoch in der Regel den Anspruch auf Elternzeit geltend machen, um die Arbeitszeit in dem oben genannten Umfang zu reduzieren.

Können die Eltern wegen einer schweren Krankheit, Schwerbehinderung oder gar im eigenen Todesfall ihr Kind nicht betreuen, haben Verwandte bis zum dritten Grad (Urgroßeltern, Großeltern, Onkel, Tanten, Geschwister) und ihre Ehegatten Anspruch auf Elterngeld, wenn sie die oben genannten Voraussetzungen erfüllen.

Keinen Anspruch auf Elterngeld haben Elternpaare, die im Kalenderjahr vor der Geburt ihres Kindes ein zu versteuerndes Einkommen von mehr als 500.000 Euro hatten. Für Alleinerziehende entfällt der Elterngeldanspruch ab einem zu versteuernden Einkommen von mehr als 250.000 Euro im Kalenderjahr vor der Geburt.

Tipp
Dem berechtigten Elternteil steht das Elterngeld auch dann zu, wenn er aus einem wichtigen Grund mit der Betreuung des Kindes nicht sofort beginnen kann (z. B. wegen eines verlängerten Krankenhausaufenthalts nach einer Frühgeburt) oder die Betreuung des Kindes unterbrechen muss (z. B. wegen einer Erkrankung, einer notwendigen Kur oder einer wichtigen Prüfung).

Staatsangehörige von Mitgliedstaaten der Europäischen Union, des Europäischen Wirtschaftsraums und der Schweiz haben Anspruch auf Elterngeld, wenn sie in Deutschland erwerbstätig sind oder, falls sie nicht erwerbstätig sind, in Deutschland wohnen. Andere Ausländer können Elterngeld u.a. beanspruchen, wenn sie eine Niederlassungserlaubnis oder Aufenthaltserlaubnis besitzen und sie zur Erwerbstätigkeit in Deutschland berechtigt sind oder hier schon erlaubt gearbeitet haben.

HÖHE DES ELTERNGELDS

Das Elterngeld beträgt grundsätzlich 67 Prozent des in den zwölf Monaten vor dem Monat der Geburt des Kindes durchschnittlich erzielten Einkommens aus Erwerbstätigkeit bis zu einem monatlichen Höchstbetrag von 1.800 Euro – und zwar für die Monate, in denen die berechtigte Person kein Einkommen aus Erwerbstätigkeit erzielt. Unabhängig vom Einkommen wird das Elterngeld mindestens in Höhe von 300 Euro gezahlt, z. B. wenn jemand nicht erwerbstätig ist.

Mehrere Einkommen werden zusammengerechnet, steuerfreie Einkommen (z. B. aus einem Ehrenamt) werden dabei nicht berücksichtigt.

ELTERNGELD BEI EINKOMMEN UNTER 1.000 EURO

Erhöhung des Prozentsatzes

In den Fällen, in denen das durchschnittlich erzielte monatliche Einkommen aus Erwerbstätigkeit vor der Geburt geringer als 1.000 Euro war, erhöht sich der Prozentsatz um 0,1 Prozentpunkte für je zwei Euro, um die das maßgebliche Einkommen den Betrag von 1.000 Euro unterschreitet, auf bis zu 100 Prozent. Diese Obergrenze von 100 Prozent wird bei einem Einkommen von 340 Euro vor der Geburt erreicht, sodass der Elterngeldberechtigte, der vor der Geburt mehr als 300 Euro verdient hat, nach der Geburt auch Elterngeld in Höhe von 300 Euro erhalten wird. Je niedriger also das Einkommen des Elternteils vor der Geburt war, desto höher ist der prozentuale Ausgleich, den er für das weggefallene Erwerbseinkommen erhält.

A hat vor der Geburt ihrer Tochter 700 Euro monatlich verdient. Ihr Anspruch auf Elterngeld erhöht sich damit auf 82 Prozent, also insgesamt 582 Euro monatlich.

Rechenweg:
1.000 Euro − 700 Euro = 300 Euro
300 Euro : 2 Euro = 150 Euro

150 x 0,1 Prozentpunkte = 15 Prozentpunkte
67 Prozent + 15 Prozentpunkte = 82 Prozent

ELTERNGELD BEI EINKOMMEN ÜBER 1.200 EURO

Ab einem zu berücksichtigenden Einkommen von 1.200 Euro monatlich verringert sich der Prozentsatz um 0,1 Prozentpunkte für je 2 Euro, um die das maßgebliche Einkommen den Betrag von 1.200 Euro überschreitet, auf bis zu 65 Prozent.

A hat vor der Geburt seines Sohnes 1.240 Euro monatlich verdient. Sein Anspruch auf Elterngeld mindert sich damit auf 65 Prozent, also insgesamt 806 Euro monatlich.

Rechenweg:
1.240 Euro − 1.200 Euro = 40 Euro
40 Euro : 2 Euro = 20 Euro

20 x 0,1 Prozentpunkte = 2 Prozentpunkte
67 Prozent − 2 Prozentpunkte = 65 Prozent

ELTERNGELD BEI TEILZEITARBEIT

Wie dargelegt, steht Teilzeitarbeit dem Anspruch auf Elterngeld nicht entgegen, solange die Arbeitszeit dabei durchschnittlich nicht mehr als 30 Wochenstunden im Monat beträgt.

In diesem Fall ist das Einkommen aus der Teilzeitarbeit in die Berechnung des Elterngelds einzubeziehen und auf dessen Höhe anzurechnen. Das Elterngeld wird dann als Ersatz für das entfallende Einkommen, also für die Differenz zwischen dem durchschnittlichen Einkommen vor der Geburt und dem voraussichtlich durchschnittlich erzielten Einkommen während des Bezugs von Elterngeld gezahlt. Damit erhält der Bezugsberechtigte 65 bzw. 67 Prozent und bei einem Einkommen von unter 1.000 Euro bis zu 100 Prozent der Differenz zwischen dem vor und dem nach der Geburt zu berücksichtigenden Einkommen. Als bereinigtes Nettoeinkommen vor der Geburt werden maximal 2.700 Euro berücksichtigt. Auch bei

Einkommen aus Teilzeitarbeit wird einbezogen

Teilzeiteinkommen während des Elterngeldbezugs beträgt das Elterngeld mindestens 300 Euro monatlich.

Vor der Geburt hat der Vater ein Nettoeinkommen von 2.600 Euro monatlich bezogen, nach der Geburt verdient er 1.000 Euro netto. Die Differenz beträgt 1.600 Euro. Das Elterngeld beläuft sich auf 1.040 Euro (65 Prozent von 1.600 Euro).

ELTERNGELD MIT GESCHWISTERBONUS

Familien mit mehr als einem Kind können einen Geschwisterbonus erhalten. Dieser beträgt zehn Prozent des nach den allgemeinen Regeln zu errechnenden Elterngelds, mindestens aber 75 Euro monatlich.

Dauer des Anspruchs

Anspruch auf den Erhöhungsbetrag besteht so lange, bis das ältere Geschwisterkind drei Jahre alt ist. Sind drei oder mehr Kinder im Haushalt, genügt es, wenn mindestens zwei Geschwisterkinder das sechste Lebensjahr nicht vollendet haben. Mit dem Ende des Bezugsmonats, in dem das ältere Geschwisterkind sein drittes bzw. sechstes Lebensjahr vollendet, entfällt der Erhöhungsbetrag. Dagegen bleibt der Anspruch auf den Grundbetrag des Elterngelds bis zum Ende des Bezugszeitraums von 12 oder 14 Monaten bestehen.

ELTERNGELD BEI MEHRLINGSGEBURTEN

Höheres Elterngeld

Bei Mehrlingsgeburten (z. B. Zwillinge) erhöht sich das zustehende Elterngeld um 300 Euro für jedes zweite und weitere Mehrlingskind. Das heißt: Zusätzlich zum errechneten Elterngeld werden für jedes Mehrlingskind 300 Euro gezahlt. Das Gesamtelterngeld kann dann 1.800 Euro übersteigen.

DAUER DES BEZUGS

Elterngeld kann vom Tag der Geburt an höchstens für die ersten 14 Lebensmonate des Kindes bezogen werden. Bei Adoptivkindern werden die 14 Monate ab dem Tag der Aufnahme des Kindes in den Haushalt des Bezugsberechtigten gerechnet; allerdings ist der Bezug von Elterngeld in diesen Fällen begrenzt, und zwar bis zur Vollendung des achten Lebensjahres des Kindes.

Elterngeld wird in Monatsbeträgen für Lebensmonate des Kindes gezahlt. Die Eltern haben grundsätzlich Anspruch auf zwölf Monate Elterngeld. Beantragt ein Elternteil Elterngeld, muss er mindestens für zwei Monate das Geld in Anspruch nehmen.

Zwölf Monate

PARTNERMONATE

Anspruch auf zwei weitere Monatsbeträge Elterngeld besteht dann, wenn beide Eltern vom Angebot des Elterngelds Gebrauch machen möchten (Partnermonate). In diesem Fall darf auch der andere Partner mindestens zwei Monate nicht oder nicht mehr als 30 Stunden im Monatsdurchschnitt arbeiten.

Zwei weitere Monatsbeträge

Lebensmonate des Kindes, in denen Mutterschaftsleistungen (insbesondere Mutterschaftsgeld der gesetzlichen Krankenversicherung; Arbeitgeberzuschuss zum Mutterschaftsgeld oder Dienstbezüge für Beamtinnen während der Mutterschutzfrist) zustehen, gelten als Monate, für die die Mutter Elterngeld bezieht. Mutterschaftsleistungen und Elterngeld können nicht nebeneinander gewährt werden. Erhält also die Mutter in den ersten beiden Lebensmonaten des Kindes Mutterschaftsleistungen, werden diese zwei Monate auf die Bezugsdauer des Elterngelds angerechnet.

Mutterschaftsleistungen

Vorsicht

Die Elternteile müssen festlegen, wer von ihnen das Elterngeld für welche Monate in Anspruch nimmt. Die im Antrag getroffene Entscheidung kann bis zum Ende des Bezugszeitraums ohne Angabe von Gründen einmal geändert werden, soweit die Monatsbeträge noch nicht ausgezahlt wurden. Eine zusätzliche Änderung ist nur bei einer schweren Krankheit, Schwerbehinderung oder beim Tod eines Elternteils oder des Kindes möglich oder wenn die wirtschaftliche Existenz der Eltern erheblich gefährdet wird.

Die Eltern können die Anzahl der Monatsbeträge frei untereinander aufteilen, solange der zweite Elternteil mindestens zwei Partnermonate nimmt. Die Förderung kann nacheinander oder parallel in Anspruch genommen werden. Ganz frei dürfen die Eltern das Geld aber doch nicht verteilen. Für die Mutter gehören automatisch die Monate zum Bezugszeitraum, für die sie Mutterschaftsgeld erhält. Das sind in der Regel acht Wochen ab der Geburt (vgl. Seite 20 ff.).

Die Mutter kann in den Lebensmonaten eins bis zwölf und der Vater in den Lebensmonaten 13 und 14 Elterngeld beziehen. Beide Eltern können in den ersten sieben Lebensmonaten gleichzeitig Elterngeld beziehen. Die Mutter bezieht für die ersten sechs Lebensmonate Elterngeld, anschließend der Vater für den gleichen Zeitraum und daran anschließend die Mutter für zwei Monate.

ÜBERTRAGUNG DER PARTNERMONATE

Unter Umständen kann die Mutter oder der Vater allein einen Anspruch auf 14 Monatsbeträge Elterngeld haben. Wenn bei Elternpaaren dem einen Elternteil die Betreuung des Kindes objektiv nicht möglich ist (z. B. wegen schwerer Krankheit oder Schwerbehinderung), erhält der andere Elternteil für bis zu 14 Monate Elterngeld, wenn die sonstigen Voraussetzungen der zusätzlichen Monate erfüllt sind, also eine Einkommensminderung vorliegt.

Die beiden zusätzlichen Monate können auch dann vom betreuenden Elternteil selbst in Anspruch genommen werden, wenn im Fall eines Betreuungswechsels das Wohl des Kindes gefährdet wäre. Eine solche Gefährdung liegt allerdings nur in besonderen Ausnahmefällen vor, z. B. dann, wenn die Betreuung durch einen Elternteil nach Auffassung des Jugendamts die ernsthafte Besorgnis begründet, dass das körperliche oder seelische Wohl des Kindes geschädigt wird.

ELTERNGELD FÜR ALLEINERZIEHENDE

Alleinerziehende erhalten die vollen 14 Monate Elterngeld. Voraussetzung ist, dass das Kind nur bei einem Elternteil in der Wohnung lebt. Diesem muss auch die elterliche Sorge oder zumindest das Aufenthaltsbestimmungsrecht allein zustehen.

Für den Umstand, ob das Kind nur bei einem Elternteil in der Wohnung lebt, kommt es auf die tatsächliche Lebenssituation an. Nicht entscheidend ist deshalb, ob der andere Elternteil formal in einer anderen Wohnung gemeldet ist. Bei einer gemeinsamen Wohnung der Eltern sind die Voraussetzungen auf jeden Fall nicht erfüllt.

Tatsächliche Lebenssituation ist maßgebend

VERLÄNGERUNG DES AUSZAHLUNGSZEITRAUMS

Elterngeld kann auch über einen Zeitraum von 24 bzw. 28 Monaten statt über zwölf bzw. 14 Monaten ausgezahlt werden. Allerdings reduziert sich der monatliche Bezug dann um die Hälfte.

ANTRAG

Das Elterngeld muss schriftlich beantragt werden. Der Antrag ist sofort nach der Geburt des Kindes zu stellen. Elterngeld wird rückwirkend für bis zu drei Monate vor dem Monat der Antragstellung gewährt.

Jeder Elternteil kann einen Antrag auf Elterngeld stellen. Im Antrag muss die Abfolge und die Zahl der Bezugsmonate angegeben werden. Diese Festlegung kann einmal, ein weiteres Mal nur in Fällen besonderer Härte geändert werden. Wenn beide Elternteile Anspruch auf Elterngeld haben, müssen auch beide den Antrag unterschreiben. Damit erklärt der andere Elternteil sein Einverständnis mit der beantragten Zahl der El-

Jeder Elternteil kann Antrag stellen

terngeldmonate, wenn er nicht gleichzeitig Elterngeld in einem Umfang beantragt oder anzeigt, durch den die gemeinsame Höchstgrenze von 12 oder 14 Monate überschritten wird.

Wer im Antrag vorsätzlich oder fahrlässig falsche oder unvollständige Angaben macht, begeht eine Ordnungswidrigkeit, die mit einer Geldbuße bis zu 2.000 Euro geahndet werden kann. Unter Umständen kann sogar Betrug vorliegen. Dann wird das Vergehen strafrechtlich verfolgt. Auf jeden Fall aber muss das zu Unrecht bezogene Elterngeld zurückerstattet werden.

Tipp

Antragsvordrucke gibt es bei den Elterngeldstellen (z.b. in Nordrhein-Westfalen bei den Versorgungsëmtern, in Bayern bei den Bezirksregierungen, in Baden-Württemberg bei der Landeskreditbank Baden-Württemberg). Sie können aber auch bei Ihrer Gemeindeverwaltung, bei Krankenkassen oder Krankenhäusern Vordrucke erhalten.

Gegen den Bescheid über das Elterngeld kann Widerspruch erhoben werden. Wird diesem nicht entsprochen, kann beim Sozialgericht geklagt werden.

Notwendige Unterlagen

Bei der Antragstellung sind folgende Unterlagen vorzulegen:

- Geburtsurkunde oder Geburtsbescheinigung des Kindes,
- Einkommensnachweise (erfolgt in der Regel durch Vorlage der Lohn- und Gehaltsabrechnungen),
- Bescheinigung der Krankenkasse über das Mutterschaftsgeld,
- Bescheinigung über den Arbeitgeberzuschuss zum Mutterschaftsgeld,
- Bestätigung der beabsichtigten Arbeitszeit während des Elterngeldbezugs.

Änderungen mitteilen!

Wird Elterngeld bezogen, müssen alle Änderungen, die für den Anspruch von Bedeutung sein können, unverzüglich mitgeteilt werden. Dazu gehört u.a. die Benachrichtigung der Elterngeldstelle, wenn das Kind nicht mehr im Haushalt lebt, eine Erwerbstätigkeit aufgenommen wurde, die Arbeitszeit bei einer Teilzeitbeschäftigung erhöht wird oder sich die Prognose des voraussichtlich erzielten Erwerbseinkommens ändert.

BESTEUERUNG DES ELTERNGELDS

Das Elterngeld selbst ist steuerfrei. Es wird aber zur Ermittlung des anzuwendenden Steuersatzes dem übrigen zu versteuernden Einkommen hinzugerechnet. Das hat zur Folge, dass sich für das übrige Einkommen ein höherer Steuersatz ergibt.

ELTERNGELD UND ANDERE SOZIALLEISTUNGEN

Beim Arbeitslosengeld II, bei der Sozialhilfe oder beim Kinderzuschlag wird das Elterngeld grundsätzlich vollständig (also auch in Höhe des Mindestbetrags von 300 Euro) als Einkommen angerechnet. Bei anderen Sozialleistungen (z. B. Wohngeld und BAföG) wird das Elterngeld (und auch das Betreuungsgeld) nur als Einkommen berücksichtigt, soweit es den Mindestbetrag von 300 Euro überschreitet. Werden in einem Monat beispielsweise Elterngeld und Betreuungsgeld bezogen, so werden insgesamt maximal 300 Euro des Elterngelds und des Betreuungsgelds gemeinsam nicht berücksichtigt.

> **Tipp**
> Haben Sie in der Elternzeit auf Teilzeit reduziert, so kann dieser sogenannte Progressionsvorbehalt dazu führen, dass der Abzug vom Lohn am Ende des Jahres nicht die zu zahlende Steuer deckt und Sie nachzahlen müssen. Das sollten Sie unbedingt einplanen.

05 BETREUUNGSGELD FÜR DIE KINDERBETREUUNG ZU HAUSE

Ab August 2013 gibt es eine neue soziale Leistung für Familien: das Betreuungsgeld, häufig auch als „Herdprämie" bezeichnet. Betreuungsgeld erhalten Eltern, die für ihr Kind keinen öffentlich geförderten Betreuungsplatz in Anspruch nehmen. Auf diese Weise soll die Erziehungsarbeit von Müttern und Vätern honoriert werden.

BERECHTIGTE

Anspruch auf Betreuungsgeld hat, wer

- seinen Wohnsitz oder seinen gewöhnlichen Aufenthalt in Deutschland hat,
- mit seinem Kind in einem Haushalt lebt,
- dieses Kind selbst betreut und erzieht und
- für das Kind keine dauerhaft durch öffentliche Sach- und Personalkostenzuschüsse geförderte Kinderbetreuung, insbesondere keine Betreuung in Tageseinrichtungen oder in der Kindertagespflege, in Anspruch nimmt.

Tipp

Für den Anspruch auf Betreuungsgeld ist es (im Gegensatz zum Elterngeld) nicht erforderlich, dass die berechtigte Person ihre Erwerbstätigkeit auf einen bestimmten Umfang begrenzt. Die Voraussetzung, dass das Kind selbst betreut und erzogen wird, ist also auch bei über 30 Wochenstunden erwerbstätigen Personen erfüllt.

Von einer dauerhaft durch öffentliche Sach- und Personalkostenzuschüsse geförderten Kinderbetreuung ist dann auszugehen, wenn die Zuschüsse nach der Zwecksetzung wiederkehrende oder laufende Kosten decken sollen. Das schließt z. B. auch öffentlich geförderte Betreuungseinrichtungen im Bereich der Universitäten und mit Mitteln des Europäischen Sozialfonds geförderte Plätze in betrieblichen Betreuungseinrichtungen ein. Eine öffentlich geförderte Kinderbetreuung in diesem Sinne liegt nicht vor, wenn eine einmalige Sach- oder Geldleistung von öffentlicher Seite (z. B. im Rahmen des Investitionsprogramms „Kinderbetreuungsfinanzierung") zur Verfügung gestellt wird oder eine individuelle Förderung der Eltern (z. B. durch die Übernahme von Kinderbetreuungskosten im Rahmen der Förderung der beruflichen Weiterbildung) erfolgt.

Betreuungsgeld gibt es nicht nur für die leiblichen Kinder. Auch wer nicht Mutter oder Vater des im gemeinsamen Haushalt betreuten Kindes ist, hat Anspruch auf Betreuungsgeld, wenn

- er oder sie mit einem Kind in einem Haushalt lebt, das mit dem Ziel der Annahme als Kind (Adoption) aufgenommen wurde,
- er oder sie ein Kind des Ehegatten oder Lebenspartners in den Haushalt aufgenommen habt, oder
- er die Vaterschaft anerkennen will.

Können die Eltern wegen einer schweren Krankheit, Schwerbehinderung oder Tod beider Elternteile ihr Kind nicht betreuen, haben Verwandte bis zum dritten Grad (Urgroßeltern, Großeltern, Onkel, Tanten, Geschwister) und ihre Ehegatten Anspruch auf Betreuungsgeld, wenn für das Kind im Monatsdurchschnitt nicht mehr als 20 Wochenstunden öffentlich geförderte Betreuung in Anspruch genommen werden.

Tipp

Dem berechtigten Elternteil steht das Betreuungsgeld auch dann zu, wenn er aus einem wichtigen Grund mit der Betreuung des Kindes nicht sofort beginnen kann (z. B. wegen eines verlängerten Krankenhausaufenthalts nach einer Frühgeburt) oder die Betreuung des Kindes unterbrechen muss (z. B. wegen einer Erkrankung, einer notwendigen Kur oder einer wichtigen Prüfung).

Kein Anspruch auf Betreuungsgeld

Keinen Anspruch auf Betreuungsgeld haben Elternpaare, die im Kalenderjahr vor der Geburt ihres Kindes ein zu versteuerndes Einkommen von mehr als 500.000 Euro hatten. Für Alleinerziehende entfällt der Betreuungsgeldanspruch ab einem zu versteuernden Einkommen von mehr als 250.000 Euro im Kalenderjahr vor der Geburt.

Staatsangehörige von Mitgliedstaaten der Europäischen Union, des Europäischen Wirtschaftsraums und der Schweiz haben Anspruch auf Betreuungsgeld, wenn sie in Deutschland erwerbstätig sind oder, falls sie nicht erwerbstätig sind, in Deutschland wohnen. Andere Ausländer können Betreuungsgeld u.a. beanspruchen, wenn sie eine Niederlassungserlaubnis haben oder wenn sie eine Aufenthaltserlaubnis besitzen und sie zur Erwerbstätigkeit in Deutschland berechtigt sind oder hier schon erlaubt gearbeitet haben.

HÖHE

Das Betreuungsgeld wird schrittweise eingeführt. Ab 1. August 2013 bis 31. Juli 2014 beträgt es 100 Euro monatlich, danach 150 Euro im Monat.

Bei Mehrlingsgeburten und Geschwisterkindern im entsprechenden Alter wird das Betreuungsgeld für jedes Kind gezahlt. Beim Elterngeld wird dagegen für die Fälle der Mehrlingsgeburten ein Mehrlingszuschlag gezahlt; Elterngeld wird also nicht mehrfach gewährt.

Mehrlingsgeburten, Geschwisterkinder

Es ist vorgesehen (das Gesetzgebungsverfahren läuft noch), dass Betreuungsgeldberechtigte, die das Betreuungsgeld für den Aufbau einer Altersvorsorge oder für ein Bildungssparen einsetzen, einen Bonus von 15 Euro pro Monat erhalten. Die berechtigte Person soll zwischen der Einzahlung auf einen Altersvorsorgevertrag oder auf einen Basisrentenvertrag wählen können. Dabei handelt es sich in beiden Fällen um eine steuerlich geförderte Art der Altersvorsorge.

DAUER DES BEZUGS

Betreuungsgeld kann grundsätzlich in der Zeit vom ersten Tag des 15. Lebensmonats bis zur Vollendung des 36. Lebensmonats des Kindes bezogen werden. Für jedes Kind wird höchstens für 22 Lebensmonate Betreuungsgeld gezahlt. Die Bezugszeit schließt damit an die vierzehnmonatige Rahmenbezugszeit für das Elterngeld an. Damit ist ein gleichzeitiger Bezug von Eltern- und Betreuungsgeld ausgeschlossen.

Höchstens 22 Monate

Adoptivkinder

Bei Adoptivkindern kann Betreuungsgeld ab dem ersten Tag des 15. Monats nach Aufnahme des Kindes bezogen werden; längstens bis zur Vollendung des dritten Lebensjahres. Eltern können die Monatsbeträge, auf die sie für ein Kind Anspruch auf Betreuungsgeld haben, nur nacheinander beziehen. Anders als beim Elterngeld kann also Betreuungsgeld nicht von beiden Elternteilen gleichzeitig bezogen werden.

ANTRAG

Das Betreuungsgeld muss schriftlich beantragt werden. Der Antrag muss nicht sofort nach der Geburt des Kindes gestellt werden. Denn Betreuungsgeld wird rückwirkend für bis zu drei Monate vor dem Monat der Antragstellung gewährt.

Jeder Elternteil kann Antrag stellen

Jeder Elternteil kann einen Antrag auf Betreuungsgeld stellen. Die Monate, für die Betreuungsgeld beantragt wird, sind im Antrag anzugeben. Diese Festlegung kann einmal, ein weiteres Mal nur in Fällen besonderer Härte geändert werden. Wenn beide Elternteile Anspruch auf Betreuungsgeld haben, muss der Antrag vom anderen Elternteil ebenfalls unterschrieben werden. Damit erklärt er, dass er mit der beantragten Zahl der Betreuungsgeldmonate einverstanden ist.

Werden im Antrag vorsätzlich oder fahrlässig falsche oder unvollständige Angaben gemacht, ist dies eine Ordnungswidrigkeit, die mit einer Geldbuße von bis zu 2.000 Euro geahndet werden kann. Unter Umständen kann sogar Betrug vorliegen. Dann wird das Vergehen strafrechtlich verfolgt. Auf jeden Fall aber muss das zu Unrecht bezogene Betreuungsgeld zurückerstattet werden.

Widerspruch und Klage

Gegen den Bescheid über das Betreuungsgeld kann Widerspruch erhoben werden. Wird diesem nicht entsprochen, kann beim Sozialgericht geklagt werden.

Wer Betreuungsgeld bezieht, muss alle Änderungen, die für den Anspruch von Bedeutung sein können, unverzüglich mitteilen. Dazu gehört u.a. die Benachrichtigung der Betreuungsgeldstelle, wenn das Kind nicht mehr im Haushalt lebt oder für das Kind eine öffentlich geförderte Betreuung in Anspruch genommen wird.

BESTEUERUNG DES BETREUUNGSGELDS

Das Betreuungsgeld selbst ist steuerfrei. Es wird aber zur Ermittlung des anzuwendenden Steuersatzes dem übrigen zu versteuernden Einkommen hinzugerechnet. Das bedeutet, dass sich für das übrige Einkommen ein höherer Steuersatz ergibt.

Betreuungsgeld ist steuerfrei

BETREUUNGSGELD UND ANDERE SOZIALLEISTUNGEN

Beim Arbeitslosengeld II, bei der Sozialhilfe oder beim Kinderzuschlag wird das Betreuungsgeld grundsätzlich vollständig als Einkommen angerechnet. Bei anderen Sozialleistungen (z. B. Wohngeld und BAföG) wird das Betreuungsgeld (und auch das Elterngeld) nur als Einkommen berücksichtigt, soweit es 300 Euro überschreitet. Werden in einem Monat beispielsweise Elterngeld und Betreuungsgeld bezogen, so werden insgesamt maximal 300 Euro des Elterngelds und des Betreuungsgelds gemeinsam nicht berücksichtigt.

Anrechnung des Betreuungsgelds

06 BAFÖG FÜR ÄLTERE KINDER IN DER AUSBILDUNG

Bildung und Ausbildung sind heute wichtiger denn je. Aber nicht alle Eltern verfügen über die finanziellen Möglichkeiten, ihren Kindern eine Ausbildung oder ein Studium zu finanzieren. Das Bundesausbildungsförderungsgesetz (BAföG) regelt die staatliche Unterstützung für die Ausbildung von Schülern und Studenten. Es soll jungen Menschen ermöglichen, unabhängig von der finanziellen Situation ihrer Familie eine ihren Eignungen und Interessen entsprechende Ausbildung zu absolvieren.

Eine Förderung für Auszubildende mit einem Ausbildungsvertrag in einem anerkannten betrieblichen Ausbildungsberuf oder der nachträgliche Erwerb eines Hauptschulabschlusses kann in Form der Berufsausbildungsbeihilfe als Arbeitsförderungsmaßnahme der Agentur für Arbeit erfolgen.

BERECHTIGTE

STAATSANGEHÖRIGKEIT

Ausbildungsförderung erhalten neben Deutschen auch Ausländer, wenn ein Elternteil bzw. der Ehegatte Deutscher ist oder wenn sie als Angehörige eines EU-Staates Freizügigkeit oder ein Bleiberecht genießen. Grundsätzlich besteht für ausländische Auszubildende ein Anspruch auf Förderung immer dann, wenn sie eine Bleibeperspektive in Deutschland haben und bereits gesellschaftlich integriert sind.

> **Tipp**
> Die Voraussetzungen für die Förderung ausländischer Studenten und Schüler sind sehr vielschichtig. Interessenten sollten sich deshalb frühzeitig an das für sie zuständige Amt für Ausbildungsförderung wenden.

EIGNUNG

Die Ausbildung wird gefördert, wenn die Leistungen erwarten lassen, dass das angestrebte Ausbildungsziel auch tatsächlich erreicht wird. Dies wird in der Regel angenommen, solange die Auszubildenden die Ausbildungsstätte besuchen oder am Praktikum teilnehmen. Auszubildende an Höheren Fachschulen, Akademien oder Hochschulen müssen zudem zu Beginn des fünften Fachsemesters entsprechende Leistungsnachweise vorlegen. Schreiben die Ausbildungs- und Prüfungsordnungen eine Zwischenprüfung oder einen entsprechenden Leistungsnachweis bereits vor Beginn des dritten Fachsemesters verbindlich vor, ist die Förderung auch im dritten und vierten Fachsemester von der Vorlage entsprechender Nachweise abhängig.

> **Tipp**
> Einzelheiten über das BAföG, insbesondere die Fördervoraussetzungen und den Umfang der Förderung erfahren Sie auch unter www.bafoeg.bmbf.de.

ALTERSGRENZE

Ausbildungsförderung wird grundsätzlich nur denjenigen gewährt, die bei Beginn des Ausbildungsabschnitts, für den sie Ausbildungsförderung beantragen, das 30. Lebensjahr (bei Masterstudiengängen das 35. Lebensjahr) noch nicht vollendet haben. In besonderen Fällen kann Ausbildungsförderung auch bei Überschreiten der jeweiligen Altersgrenze geleistet werden, so z. B. für

30. bzw. 35. Lebensjahr nicht vollendet

> **Tipp**
> Ob eine Ausnahme von der Altersgrenze möglich ist, können Sie durch einen Antrag auf Vorabentscheidung schon vor der Aufnahme der Ausbildung klären lassen. Zuständig ist das Amt, das nach Aufnahme der Ausbildung über den Antrag auf Ausbildungsförderung zu entscheiden hat.

- Absolventen des zweiten Bildungsweges,
- Studierende, die ohne Hochschulzugangsberechtigung aufgrund ihrer beruflichen Qualifikation eingeschrieben wurden,
- Personen in einer Zusatzausbildung, zu der die vorherige Ausbildung den Zugang eröffnet hat,
- Auszubildende, die aus persönlichen (z. B. Krankheit) oder familiären Gründen (z. B. ein noch keine zehn Jahre altes Kind) an der früheren Aufnahme der Ausbildung gehindert waren,
- Auszubildende, die aufgrund einer einschneidenden Änderung der persönlichen Verhältnisse bedürftig wurden und noch keine Ausbildung, die nach dem BAföG gefördert werden kann, berufsqualifizierend abgeschlossen haben.

FÖRDERFÄHIGE AUSBILDUNG

Nur wenn die Ausbildung förderfähig ist, kann Ausbildungsförderung gewährt werden.

Für Schüler, die nicht bei ihren Eltern wohnen und für die eine auswärtige Unterbringung notwendig ist, wird Ausbildungsförderung gewährt für den Besuch von

- weiterführenden allgemeinbildenden Schulen (z.B. Real- und Gesamtschulen, Gymnasien) ab Klasse 10,
- Berufsfachschulen, einschließlich der Klassen aller Formen der beruflichen Grundbildung (z.B. Berufsvorbereitungsjahr) ab Klasse 10, sofern sie in einem zumindest zweijährigen Bildungsgang einen berufsqualifizierenden Abschluss vermitteln, und
- Fach- und Fachoberschulklassen, deren Besuch keine abgeschlossene Berufsausbildung voraussetzt.

Eine auswärtige Unterbringung des Schülers ist notwendig, wenn von der elterlichen Wohnung keine entsprechende Ausbildungsstätte in zumutbarer Entfernung erreichbar ist. Aber auch, wenn der Schüler einen eigenen Haushalt führt und verheiratet ist oder war oder er einen eigenen Haushalt führt und mit mindestens einem Kind zusammenlebt, kann die auswärtige Unterbringung notwendig sein.

Ist keine auswärtige Unterbringung notwendig, kann trotzdem eine Ausbildungsförderung gewährt werden für den Besuch von

- Berufsfachschulklassen und Fachschulklassen, deren Besuch eine abgeschlossene Berufsausbildung nicht voraussetzt, sofern sie in einem zumindest zweijährigen Bildungsgang einen berufsqualifizierenden Abschluss vermitteln,
- Fach- und Fachoberschulklassen, deren Besuch eine abgeschlossene Berufsausbildung voraussetzt,
- Abendhauptschulen, Berufsaufbauschulen, Abendrealschulen, Abendgymnasien und Kollegs,
- Höhere Fachschulen und Akademien,
- Hochschulen.

Grundsätzlich wird nur eine Ausbildung (Erstausbildung) gefördert. Die Erstausbildung setzt sich zusammen aus der weiterführenden allgemeinbildenden Schulausbildung und der berufsbildenden Ausbildung. Ausnahmsweise können aber auch weitere Ausbildungen gefördert werden, wenn die gesetzlichen Voraussetzungen vorliegen. Wenn der Auszubildende die Fachrichtung gewechselt oder eine frühere Ausbildung abgebrochen hat, ist eine weitere Ausbildungsförderung nur dann möglich, wenn er die frühere Ausbildung aus wichtigem oder unabweisbarem Grund abgebrochen hat (z.B. mangelnde intellektuelle, psychische oder körperliche Eignung).

Auch eine Ausbildung im Ausland kann grundsätzlich gefördert werden, wenn der Auszubildende ausreichende Kenntnisse der Unterrichts- und Landessprache hat, die Ausbildung im Ausland nach dem Ausbildungsstand förderlich ist (das heißt

Vorsicht
Betriebliche oder überbetriebliche Ausbildungen – sogenannte Ausbildungen im dualen System – können nach dem BAföG nicht gefördert werden. Dies gilt auch für den Besuch der Berufsschule. Eventuell kommen aber eine Berufsausbildungsbeihilfe (vgl. dazu Seite 132 ff.) oder das sogenannte Meister-BAföG in Betracht.

Tipp
Eine Kurzübersicht zum Auslands-BAföG finden Sie im Flyer „Mit BAföG ins Ausland", den Sie im Internet unter www.studentenwerke.de kostenlos herunterladen können.

regelmäßig Grundkenntnisse in einem mindestens einjährigen Studium im Inland erworben wurden) und mindestens teilweise auf die Inlandsausbildung angerechnet wird. Für eine Auslandsausbildung in einem Mitgliedstaat der Europäischen Union oder der Schweiz genügt es, wenn ausreichende Sprachkenntnisse vorhanden sind.

Auslandsausbildungen außerhalb der Europäischen Union oder der Schweiz sind für die Dauer von einem Jahr förderfähig. Ausnahmsweise kann die BAföG-Förderung jedoch auf bis zu fünf Semester ausgedehnt werden, wenn der studienbezogene Auslandsaufenthalt für die Ausbildung von besonderer Bedeutung ist.

BERECHNUNG

Tipp
Die Berechnung der Ausbildungsförderung ist recht kompliziert. Sie können online unter www.bafoeg-rechner.de die Höhe Ihres Anspruchs ermitteln.

Die Gewährung von Ausbildungsförderung hängt davon ab, ob die finanziellen Mittel des Auszubildenden und die seines Ehegatten und seiner Eltern reichen, um den Finanzbedarf während der Ausbildung zu decken.

BEDARF

Für die Höhe der Ausbildungsförderung maßgebend sind nicht die bei den Auszubildenden tatsächlich und individuell anfallenden konkreten Kosten, sondern ein abstrakter Bedarf, den ein Auszubildender nach der Vorstellung des Gesetzgebers typischerweise für Lebensunterhalt (z. B. Ernährung, Unterkunft, Bekleidung) und Ausbildung (z. B. Lehrbücher, Fahrtkosten zur Ausbildungsstätte) benötigt. Die in der folgenden Auflistung aufgeführten Bedarfssätze, die nach der Art der Ausbildung und der Unterbringung differieren, sind die Beträge, die bestenfalls gezahlt werden. Im Regelfall erhalten BAföG-Bezieher weniger, weil der jeweilige Bedarfssatz mit dem Einkommen des Auszubildenden und der Eltern verrechnet wird.

Ausbildungsstätte	Wohnung bei den Eltern	eigene Wohnung
weiterführende allgemeinbildende Schulen und Berufsfachschulen ab Klasse 10 sowie Fach- und Fachoberschulen, wenn der Besuch keine abgeschlossene Berufsausbildung voraussetzt	keine Förderung	465 Euro
Berufsfachschul- und Fachschulklassen, die in einem zumindest zweijährigen Bildungsgang einen berufsqualifizierenden Abschluss vermitteln, wenn der Besuch keine abgeschlossene Berufsausbildung voraussetzt	216 Euro	465 Euro
Abendhaupt- und Abendrealschulen, Berufsaufbauschulen, Fachoberschulklassen, deren Besuch eine abgeschlossene Berufsausbildung voraussetzt	391 Euro	543 Euro
Fachschulklassen, deren Besuch eine abgeschlossene Berufsausbildung voraussetzt, Abendgymnasien, Kollegs	397 Euro	572 Euro
Höhere Fachschulen, Akademien, Hochschulen	422 Euro	597 Euro

Für Auszubildende, die beitragspflichtig in der gesetzlichen Krankenversicherung oder einer privaten Krankenversicherung versichert sind, erhöht sich der Bedarfssatz um weitere 62 Euro monatlich. In den Fällen einer privaten Teilversicherung erhöht sich der Bedarfssatz um die nachgewiesenen Kosten. Zur Abgeltung der Kosten für die Pflegeversicherung wird für beitragspflichtige Auszubildende ein Pflegeversicherungszuschlag von 11 Euro geleistet.

Für Schüler und Studierende, die nicht bei den Eltern wohnen, erhöht sich der Bedarf um monatlich bis zu 72 Euro, wenn die Mietkosten für Unterkunft und Nebenkosten nachweislich einen Betrag von 57 Euro (bei Schülern) oder 146 Euro (bei Studierenden) übersteigen.

Für Auszubildende, die mit mindestens einem eigenen Kind, das das zehnte Lebensjahr noch nicht vollendet hat, in einem Haushalt leben, erhöht sich der Bedarf um monatlich 113 Euro für das erste und 85 Euro für jedes weitere dieser Kinder. Der Kinderbetreuungszuschlag wird für denselben Zeitraum nur einem Elternteil gewährt. Sind beide Elternteile förderfähig

Auszubildende mit Kind

und leben sie in einem gemeinsamen Haushalt, bestimmen sie untereinander den Berechtigten.

Ausbildung im Ausland — Bei einer Ausbildung im Ausland werden zusätzliche Zuschüsse gewährt (z. B. Zuschuss für die notwendigen Studiengebühren, höchstens 4.600 Euro je Studienjahr).

BERECHNUNG DER INDIVIDUELLEN FÖRDERHÖHE

Wie oben bereits dargelegt, kommt es bei der Berechnung der Förderhöhe nicht auf die individuell anfallenden Kosten an. Vielmehr wird als Summe, die ein durchschnittlicher Auszubildender für seinen Lebensunterhalt und seine Ausbildung benötigt, ein abstrakter Bedarf errechnet. Ob dann der Auszubildende diese monatliche Finanzspritze auch tatsächlich bekommt, hängt davon ab, ob seine eigenen Mittel und die seiner Eltern ausreichen würden, um das Studium eigenständig zu finanzieren. Aus diesem Grund wird das Einkommen ermittelt, das der Familie dafür theoretisch zur Verfügung stünde. Ergibt sich unterm Strich ein positiver Betrag, wird der Auszubildende in entsprechender Höhe gefördert.

Abstrakter Bedarf

Die individuelle Förderhöhe berechnet sich also wie folgt:

Bedarf nach BAföG
- anrechenbares Einkommen und Vermögen des Auszubildenden
- anrechenbares Einkommen des Ehepartners und der Eltern

= Förderbetrag nach BAföG

Einkommen — Einkommen, das der Auszubildende erzielt, ist auf die mögliche Förderung anzurechnen. Zu den anrechnungspflichtigen Einkünften gehören auch solche aus Minijobs und Praktikantenvergütungen. Auch Stipendien werden angerechnet, allerdings sind begabungs- und leistungsabhängige Stipendien bis zu 300 Euro im Monat von der Anrechnung ausgenommen. Anrechnungsfrei bleiben auch steuerfreie Einnahmen aus einem Ehrenamt.

Angerechnet wird das zu versteuernde Einkommen. Von den Einkünften abzuziehen sind zumindest pauschalierte Werbungskosten von zurzeit 920 Euro jährlich und eine Sozialpauschale von 21,3 Prozent.

> Für alle Auszubildenden (Single ohne Kind) ergibt sich im Bewilligungszeitraum ein Jahresfreibetrag von 4.480 Euro. Damit dürfen Auszubildende durchschnittlich 406,66 Euro brutto monatlich anrechnungsfrei dazuverdienen (bei höheren Werbungskosten auch noch mehr). Auszubildende können so kontinuierlich einem 450-Euro-Minijob nachgehen, ohne dass monatliche Abzüge von der Ausbildungsförderung vorgenommen werden.

Dem Auszubildenden wird neben seinem Einkommen auch sein Vermögen angerechnet. Aber hier gibt es ebenfalls anrechnungsfreie Beträge: 5.200 Euro für den Auszubildenden selbst, 1.800 Euro für seinen Ehegatten und weitere 1.800 Euro für jedes Kind. Der die Freigrenze übersteigende Vermögensbetrag wird durch die Zahl der Kalendermonate des Bewilligungszeitraums geteilt und dann auf den monatlichen Bedarf angerechnet. Angesparte Riesterverträge im Rahmen des üblichen werden nicht angerechnet. Eine hinterlegte Kaution kann auf Antrag von einer Anrechnung ausgenommen werden.

Anrechnung des Vermögens

Wird das Einkommen der Eltern bei der Ausbildungsförderung angerechnet, so wird dieses nicht in voller Höhe berücksichtigt. Zunächst werden von den positiven Einkünften die Einkommen- und Kirchensteuer sowie pauschal festgesetzte Beträge

Einkommen der Eltern

68 BAFÖG FÜR ÄLTERE KINDER IN DER AUSBILDUNG

Freibeträge

für die soziale Sicherung (z.B. Pflichtbeiträge zur gesetzlichen Krankenversicherung) abgezogen. Ferner gelten bestimmte Freibeträge, z. B. 1.605 Euro für verheiratete und zusammenlebende Elternteile, 1.070 Euro für alleinstehende Elternteile, 535 Euro für Stiefelternteile und 485 Euro für Kinder und sonstige Unterhaltsberechtigte, die nicht in einer förderfähigen Ausbildung sind. Von dem verbleibenden Betrag sind für die Eltern des Auszubildenden weitere fünf Prozent anrechnungsfrei. Der anrechnungsfreie Betrag erhöht sich für jedes weitere Kind der Eltern, dem ein Freibetrag gewährt wird, um weitere fünf Prozent. Der so errechnete Betrag ist der Anrechnungsbetrag, den die Eltern des Auszubildenden nach dem BAföG für die Finanzierung der Ausbildung aufbringen müssen.

> In bestimmten Fällen bleibt das Einkommen der Eltern des Auszubildenden außen vor, so z. B. wenn die Eltern rechtlich oder tatsächlich gehindert sind, im Inland Unterhalt zu leisten, der Auszubildende ein Abendgymnasium oder ein Kolleg besucht oder er den Ausbildungsabschnitt erst nach Vollendung des 30. Lebensjahres begonnen hat.

ZUSCHUSS ODER DARLEHEN

Ausbildungsförderung wird als Zuschuss oder Darlehen gewährt. In welcher Form die Ausbildungshilfe gezahlt wird, hängt davon ab, für welche Ausbildung die Förderung beansprucht wird.

Schüler

Schüler erhalten die Förderung als Vollzuschuss und müssen daher nichts zurückzahlen.

Studierende an Höheren Fachschulen, Akademien und Hochschulen erhalten die Förderung grundsätzlich nur zur Hälfte als Zuschuss. Die andere Hälfte bekommen sie als unverzinsliches

Staatsdarlehen, das bis zu einem Gesamtbetrag von 10.000 Euro zurückgezahlt werden muss. Abweichend hiervon wird aber über die Förderhöchstdauer hinaus geleistete Ausbildungsförderung in voller Höhe als Zuschuss erbracht, wenn damit

- z. B. Auslandsstudiengebühren bis zur gesetzlichen Höhe für ein Jahr finanziert werden oder
- die Förderhöchstdauer wegen einer Behinderung, einer Schwangerschaft oder
- wegen der Pflege und Erziehung eines Kindes bis zu zehn Jahren überschritten wird.

Nur ausnahmsweise wird Ausbildungsförderung als verzinsliches Bankdarlehen gewährt. So beispielsweise für eine einzige weitere Ausbildung, die eine Hochschulausbildung insoweit ergänzt, als dies für die Aufnahme des angestrebten Berufs rechtlich erforderlich ist oder für die verlängerte Studiendauer, die sich durch einen zweiten oder weiteren Fachrichtungswechsel ergibt.

Verzinsliches Bankdarlehen

ANTRAG

Die Leistungen nach dem BAföG müssen schriftlich beim zuständigen Amt für Ausbildungsförderung beantragt werden. Die hierzu erforderlichen Formblätter sind entweder bei diesen Ämtern erhältlich oder können im Internet unter www.bafoeg.bmbf.de heruntergeladen werden. Das Amt für Ausbildungsförderung bearbeitet und entscheidet auch, wenn Auszubildende Anträge zur BAföG-Förderung stellen.

Schriftlicher Antrag

Für Auszubildende an Abendgymnasien, Kollegs, Höheren Fachschulen und Akademien ist das Amt für Ausbildungsförderung zuständig, in dessen Bezirk sich die Ausbildungsstätte befindet.

Zuständige Stelle	Für alle anderen Schüler ist das Amt für Ausbildungsförderung der Stadt/Kreisverwaltung am Wohnort der Eltern die Anlaufstelle. Für Studierende hingegen ist in der Regel das Studentenwerk der Hochschule, an der sie immatrikuliert sind, das zuständige Amt für Ausbildungsförderung.
	Die Leistungen werden frühestens von dem Monat an erbracht, in dem der Antrag gestellt wurde. Die Förderung wird in der Regel für ein Jahr bewilligt.
Bewilligungsbescheid der KfW	Wird die Ausbildungsförderung durch ein Bankdarlehen geleistet, erhalten die Auszubildenden mit dem Bewilligungsbescheid ein Vertragsangebot der Kreditanstalt für Wiederaufbau. Damit der Förderbescheid wirksam bleibt, muss dieses Angebot innerhalb eines Monats nach Bekanntgabe beim Amt für Ausbildungsförderung unter Vorlage eines Ausweisdokuments (Personalausweis, Reisepass) unterzeichnet und zurückgegeben werden. Das Bankdarlehen wird direkt von der Kreditanstalt für Wiederaufbau gezahlt.

RÜCKZAHLUNG

Irgendwann kommt der Tag, an dem der Staat sein Geld zurückhaben möchte. Aber natürlich nur von denjenigen, bei denen etwas zu holen ist. Abhängig von der BAföG-Förderart gelten verschiedene Rückzahlungsmöglichkeiten.

In jedem Fall ist nur der Teil der Ausbildungsförderung zurückzuzahlen, der als Staats- oder Bankdarlehen gewährt wurde. Das Schüler-BAföG ist grundsätzlich nicht zurückzuzahlen, weil es sich um einen Vollzuschuss handelt (vgl. oben).

Mit der Rückzahlung von zinslosen Staatsdarlehen muss erst fünf Jahre nach Ende der Förderhöchstdauer (bei Ausbildungen an Akademien fünf Jahre nach Ende der in der Ausbildungs- und Prüfungsordnung vorgesehenen Ausbildungszeit) begonnen werden. Das Staatsdarlehen ist dann in gleichbleibenden monatlichen Raten von mindestens 105 Euro innerhalb von 20 Jahren zurückzuzahlen.

Wer fünf Jahre nach Beendigung seiner Ausbildung wenig verdient, muss keine Angst vor dem Gerichtsvollzieher haben. Denn liegt der Verdienst unter 1.070 Euro im Monat, kann eine Freistellung von der Rückzahlungsverpflichtung beantragt werden – und zwar so lange, bis es finanziell wieder besser läuft. Diese Einkommensgrenze erhöht sich um 535 Euro für den Ehepartner und um 485 Euro für ein Kind, wenn diese mitzuversorgen sind.

07 WOHNGELD FÜR ANGEMESSENES UND FAMILIENGERECHTES WOHNEN

Hierzulande hat jeder Bürger Anspruch auf eine angemessene und familiengerechte Wohnung. Doch Wohnraum ist teuer, für manche Menschen zu teuer. Mit dem Wohngeld leistet Vater Staat eine Finanzspritze, damit eine angemessene Familienunterkunft gesichert ist. Wichtig: Wohngeld ist kein Almosen des Staates – auf Wohngeld besteht ein Rechtsanspruch. Es wird als staatlicher Zuschuss gewährt und nicht als Darlehen.

Ob und in welcher Höhe Wohngeld gezahlt wird, hängt davon ab, wie viele Familienmitglieder zum Haushalt gehören und wie hoch das Gesamteinkommen ist. Darüber hinaus wird die Höhe der zuschussfähigen Miete oder Belastung berücksichtigt.

WOHNGELD FÜR MIETER UND EIGENTÜMER

Wohngeld wird in zwei Varianten gezahlt: Als Mietzuschuss erhalten es Personen, die Mieter einer Wohnung oder eines Zimmers sind. Als Lastenzuschuss wird es für Personen gezahlt, die Eigentum an selbst genutztem Wohnraum haben.

Mietzuschuss gibt es insbesondere für

- Mieter von Wohnraum (Wohnung oder Zimmer, egal ob Neu- oder Altbau),
- mietähnliche Nutzungsberechtigte (z. B. Inhaber einer Dienst- oder Werkwohnung),
- Bewohner eines Heims,
- Personen, die in einem eigenen Haus, das mehr als zwei Wohnungen hat, wohnen.

Lastenzuschuss gibt es unter anderem für

- Eigentümer eines Eigenheims oder einer Eigentumswohnung und
- Erbbauberechtigte.

Um Anspruch auf Lastenzuschuss zu haben, muss der Eigentümer selbst in diesen Räumen wohnen und auch die Belastungen dafür aufbringen.

> **Tipp**
> Weitere Informationen und Ratschläge finden Sie in der Broschüre „Wohngeld 2012" des Bundesbauministeriums, die Sie unter www.bmvbs.de herunterladen können.

ZU BERÜCKSICHTIGENDE HAUSHALTSMITGLIEDER

Die Höhe des Wohngelds hängt u.a. von der Familiengröße ab, wird also unter anderem danach berechnet, wie viele Familienmitglieder mit im Haushalt des Berechtigten leben. Deren Anzahl wiederum bestimmt, welches Gesamteinkommen bei der Wohngeldberechnung zu berücksichtigen ist und die Höhe der zuschussfähigen Miete oder Belastung.

Haushaltsmitglieder

Als Haushaltsmitglieder sind zu berücksichtigen:

- der Ehegatte oder Lebenspartner (nach dem Lebenspartnerschaftsgesetz)
- Personen, die mit einem Haushaltsmitglied in einer Verantwortungs- und Einstehensgemeinschaft leben
- Eltern und Kinder (auch Adoptiv- und Stiefkinder)
- Geschwister, Onkel, Tante, Schwiegereltern, Schwiegerkinder, Schwager und Schwägerin
- Pflegekinder und Pflegeeltern.

Bei der Bewilligung von Wohngeld können nur zum Haushalt zugehörige Familienmitglieder berücksichtigt werden. Als zugehörig gilt, wer den Wohnraum gemeinsam mit dem Haushaltsvorstand teilt und sich ganz oder teilweise gemeinsam mit diesem mit dem täglichen Lebensbedarf versorgt.

Nicht zu berücksichtigende Haushaltsmitglieder

Bei der Wohngeldberechnung werden aber nur Familienangehörige berücksichtigt, die auch Anspruch auf Leistung haben. Bezieher von Transferleistungen (z. B. Empfänger von Arbeitslosengeld II, Sozialgeld oder von Hilfe zum Lebensunterhalt) werden daher nicht berücksichtigt, weil deren Mietanteil von anderen Trägern übernommen wird (vgl. Seite 80).

A wohnt mit seinem Vater, der Arbeitslosengeld II bezieht, in einer Wohnung zusammen. Bei der Wohngeldberechnung wird nur A berücksichtigt. Für den Mietanteil seines Vaters kommt die Agentur für Arbeit auf.

Familienmitglieder werden auch dann als zum Haushalt zugehörig gerechnet, wenn sie zwar vorübergehend abwesend sind (z. B. im Krankenhaus liegen), der Familienhaushalt aber auch während ihrer Abwesenheit Mittelpunkt ihrer Lebensbeziehungen bleibt. Auszubildende und Studenten zählen also dann noch zum Familienhaushalt, wenn sie zwar nicht mehr zu Hause wohnen, sie aber in ihrer Lebenshaltung überwiegend von anderen zum Haushalt zugehörigen Familienmitgliedern unterstützt werden.

Der Tod eines zum Haushalt rechnenden Familienmitglieds hat für die Dauer von zwölf Monaten nach dem Sterbemonat keinen Einfluss auf die Familiengröße, es sei denn, die Wohnung wird aufgegeben oder es kommt in dieser Zeit wieder ein Haushaltsmitglied hinzu.

EINKOMMENSGRENZEN

Ausgangspunkt für die Berechnung des Wohngelds ist das anrechenbare jährliche Haushaltseinkommen. Das besteht aus sämtlichen Einkünften im Sinne des Einkommensteuerrechts, die alle Haushaltsmitglieder innerhalb eines Jahres erwirtschaften. Das Kindergeld wird bei der Einkommensermittlung nicht berücksichtigt. Als Werbungskosten von Löhnen und Gehältern sind mindestens pauschal 920 Euro im Jahr absetzbar. Erwerbsbedingte Kinderbetreuungskosten sind zusätzlich abzuziehen.

Anrechenbares jährliches Haushaltseinkommen

Von jedem einzelnen Einkommen ist dann eine Pauschale zwischen sechs und 30 Prozent abzuziehen. Die Höhe der Pauschale richtet sich nach der Art der Einkünfte. Die Grundpauschale von sechs Prozent gilt z. B. für Personen, die ausschließlich Arbeitslosengeld I beziehen. Zehn Prozent sind bei Familienmitgliedern abzuziehen, die Pflichtbeiträge zur gesetzlichen Krankenversicherung und Pflegeversicherung oder zur gesetzlichen Rentenversicherung leisten oder Steuern vom Einkommen entrichten. Die höchste Pauschale von 30 Prozent

Pauschale wird abgezogen

können Haushaltsmitglieder abziehen, deren Einkommen voll steuer- und sozialversicherungspflichtig ist.

Freibeträge

Zusätzlich können noch folgende Freibeträge vom Haushaltseinkommen abgezogen werden:

- 125 Euro monatlich für jeden schwerbehinderten Menschen mit einem Grad der Behinderung von 100 oder von wenigstens 80 Prozent, wenn die schwerbehinderte Person häuslich pflegebedürftig ist,
- 100 Euro monatlich für jeden schwerbehinderten Menschen mit einem Grad der Behinderung von unter 80 Prozent, wenn die schwerbehinderte Person häuslich pflegebedürftig ist,
- 50 Euro monatlich für jedes Kind unter zwölf Jahren, wenn die wohngeldberechtigte Person allein mit noch nicht volljährigen Haushaltsmitgliedern zusammenwohnt und sie wegen Erwerbstätigkeit oder Ausbildung noch nicht das 25. Lebensjahr vollendet hat,
- 50 Euro monatlich, soweit ein zum Haushalt rechnendes Kind eigenes Einkommen hat und das 16., aber noch nicht das 25. Lebensjahr vollendet hat,
- die Höhe der Aufwendungen, um gesetzlichen Unterhaltspflichten nachzukommen (wie sie notariell oder in einem Unterhaltstitel oder Bescheid festgelegt sind, ansonsten bis zu den im Wohngeldgesetz genannten Pauschbeträgen).

Die nachfolgende Tabelle gibt einen Anhaltspunkt dafür, ab welchem Gesamteinkommen Wohngeld noch gezahlt wird. Diese Einkommensgrenzen gelten für Wohnungen in Gemeinden der Mietstufe VI (vgl. S. 78 f.). Bei Gemeinden der Mietstufen I bis V oder für andere Wohnungen sind diese Grenzen niedriger. Die rechte Spalte der Tabelle bezeichnet die Beträge, die vor dem jeweils vorzunehmenden pauschalen Abzug (vgl. oben) annähernd den Grenzen des Gesamteinkommens entsprechen.

Übersicht über Einkommensgrenzen für Wohnungen in Gemeinden der Mietenstufe VI					
Zahl der zum Haushalt rechnenden Familienmitglieder	Grenze für das monatliche Gesamteinkommen (nach den Wohngeldtabellen, in Euro)	Entsprechendes monatliches Bruttoeinkommen (ohne Kindergeld) bei einem Verdiener vor einem pauschalen Abzug von ... (in Euro)			
		6 %	10 %	20 %	30 %
1	860	915	956	1.075	1.229
2	1.170	1.245	1.300	1.463	1.671
3	1.430	1.521	1.589	1.788	2.043
4	1.880	2.000	2.089	2.350	2.686
5	2.150	2.287	2.389	2.688	3.071
6	2.410	2.564	2.678	3.013	3.443
7	2.680	2.851	2.978	3.350	3.829
8	2.940	3.128	3.267	3.675	4.200

HÖHE DES WOHNGELDS

Die Höhe des Wohngeldes richtet sich auch nach der Höhe der zuschussfähigen Miete oder Belastung.

Miete ist das Entgelt, das dem Vermieter nach dem Mietvertrag für die Überlassung des Wohnraums zu zahlen ist. Zur Miete gehören auch die Kosten für den Wasserverbrauch, für die Abwasser- und Müllbeseitigung sowie die Kosten der Treppenhausbeleuchtung. Nicht zur Miete gehören u.a. die Kosten des Betriebs zentraler Heizungs- und Warmwasserversorgungsanlagen sowie zentraler Brennstoffversorgungsanlagen, Vergütungen für die Überlassung von Möbeln, Kühlschränken und Waschmaschinen und Vergütungen für die Überlassung einer Garage oder eines Stellplatzes.

Zuschussfähige Miete

Zur Belastung gehören die Ausgaben für den Kapitaldienst (Zinsen, Tilgung usw.) für solche Fremdmittel, die dem Bau,

Belastung

der Verbesserung oder dem Erwerb des Eigentums gedient haben, Instandhaltungs- und Betriebskosten in einer bestimmten Höhe, Grundsteuer sowie die zu entrichtenden Verwaltungskosten.

Höchstbetragstabelle Bis zu welcher Höhe die Miete oder Belastung in die Wohngeldberechnung einfließt, bestimmt eine Höchstbetragstabelle, die als Anlage dem Wohngeldgesetz beigefügt ist. Diese Höchstgrenzen richten sich nach der Familiengröße, dem Mietniveau am Ort und dem Baujahr und der Ausstattung der Wohnung. Alles in allem eine komplizierte Berechnung, die (wegen der Mietstufen in den Gemeinden) von Bundesland zu Bundesland unterschiedlich ist.

> **Tipp**
> In welche Mietstufe die eigene Wohngemeinde fällt, kann in der Anlage zur Wohngeldverordnung nachgesehen werden (vgl. www.gesetze-im-internet.de).

In der Höchstbetragstabelle sind alle Städte und Gemeinden in Deutschland in Mietstufen eingeteilt. Die Stufe I steht für Gemeinden mit dem relativ niedrigsten Mietniveau, die Stufe VI für die teuersten Wohnorte.

Stehen Haushaltsgröße, Haushaltseinkommen und die Mietstufe der Wohngemeinde fest, kann aus der Wohngeldtabelle die Höhe des eigenen Miet- oder Lastenzuschusses abgelesen werden. Die Wohngeldtabelle gibt es bei der örtlichen Wohngeldstelle.

Die Wohngeldtabelle stellt die monatlichen Haushaltseinkommen den jeweils berücksichtigungsfähigen Mieten gegenüber. Liegt das Einkommen über den für die Mietstufe geltenden Einkommensgrenzen, wird kein Wohngeld gezahlt.

Auch die Miethöhe oder die monatliche Belastung spielt bei der Wohngeldberechnung eine Rolle. Denn einen Anspruch auf Wohngeld gibt es nur für angemessen hohe Wohnkosten, d. h. die Zuschüsse werden nur bis zu einem bestimmten Höchstbetrag gewährt. So beträgt beispielsweise der Höchstbetrag einer zuschussfähigen monatlichen Miete für einen

Dreipersonenhaushalt in einer Gemeinde mit der Mietstufe II 451 Euro.

Zur Veranschaulichung drei Beispielrechnungen des Bauministeriums:

1) Ein Ehepaar mit einem Kind hat ein Bruttoeinkommen von 1.750 Euro im Monat und zahlt für eine Wohnung der Mietstufe III 455 Euro. Diese Familie erhält einen monatlichen Mietzuschuss von 74 Euro.

2) Ein Ehepaar mit drei Kindern hat ein Bruttoeinkommen von 2.550 Euro im Monat und zahlt für eine Wohnung der Mietstufe V 695 Euro. Diese Familie erhält einen monatlichen Mietzuschuss von 148 Euro.

3) Ein allein erziehender Elternteil mit drei Kindern hat ein Bruttoeinkommen von 1.200 Euro im Monat. Der Unterhalt für die Kinder beträgt 300 Euro. Für die Wohnung der Mietstufe I sind 390 Euro fällig. Das ergibt einen monatlichen Mietzuschuss von 77 Euro.

ANTRAG UND VERFAHREN

Wohngeld wird nur auf Antrag gezahlt. Die entsprechenden Formulare gibt es bei der zuständigen Wohngeldstelle der Gemeinde-, Stadt- oder Kreisverwaltungen, die auch die Bearbeitung übernehmen. In der Regel muss der Haushaltsvorstand den Antrag stellen.

Antrag durch Haushaltsvorstand

Über den Wohngeldanspruch entscheidet die Behörde durch den sogenannten Wohngeldbescheid. Bewilligt wird das Wohngeld im Regelfall für zwölf Monate – und im Voraus gezahlt, und zwar monatlich oder für jeweils zwei Monate. Wohngeld kann ausnahmsweise auch rückwirkend bewilligt werden, wenn die zu berücksichtigende Miete oder Belastung rückwirkend um mehr als 15 Prozent erhöht worden ist.

Wenn ein Anspruch auf Wohngeld dem Grunde nach besteht, jedoch von der Behörde über die Höhe des Wohngelds noch nicht entschieden werden kann (weil z. B. noch bestimmte Unterlagen nicht vorliegen) und die Festlegung voraussichtlich noch länger dauert, kann ein Vorschuss an den Wohngeldempfänger gezahlt werden. Ein solcher Vorschuss kann auch bei der Behörde beantragt werden.

Antrag auf Wohngelderhöhung

In der Regel bleibt das Wohngeld während des Bewilligungszeitraums unverändert. Jedoch kann eine Erhöhung beantragt werden, wenn neue Familienmitglieder hinzukommen, wenn die zu berücksichtigende Miete oder Belastung um mehr als 15 Prozent steigt oder sich das Gesamteinkommen um mehr als 15 Prozent verringert – und diese Veränderungen zu einer Erhöhung des Wohngelds führen.

WOHNGELD UND ANDERE SOZIALLEISTUNGEN

Kein Anspruch auf Wohngeld

Empfänger von sogenannten Transferleistungen – das sind staatliche Sozialleistungen, die nicht an vorherige Beitragszahlungen oder sonstige Gegenleistungen geknüpft sind (z. B. Arbeitslosengeld II, Sozialgeld oder Hilfe zum Lebensunterhalt) – haben keinen Anspruch auf Wohngeld. Ebenso entfällt der Anspruch für diejenigen, die mit einem Empfänger von Arbeitslosengeld II oder einem Sozialhilfeempfänger in einer Bedarfsgemeinschaft leben. Denn deren Unterkunftskosten werden bereits im Rahmen der jeweiligen Transferleistung berücksichtigt. Der Ausschluss endet, wenn eine Transferleistung abgelehnt, versagt, entzogen oder ausschließlich als Darlehen gewährt wird. Wurde kein Antrag auf Transferleistung gestellt oder ein bereits gestellter Antrag zurückgenommen, besteht Anspruch auf Wohngeld.

LEISTUNGEN DER GESETZLICHEN RENTENVERSICHERUNG

08

Auch die gesetzliche Rentenversicherung bietet Familien finanzielle Unterstützung. So werden für die Erziehung der Kinder Pflichtbeiträge gutgeschrieben und Kinderberücksichtigungszeiten anerkannt, was im Alter zu höheren Renten führt. Die Erziehungsrente hilft Personen, die nach einer Scheidung allein erziehend sind und bei einem Tod des Ex-Ehegatten wegen der ausbleibenden Unterhaltszahlungen in schwierige Finanzsituationen geraten. Die Hinterbliebenenversorgung kompensiert den Einkommensverlust beim Tod eines Elternteils oder Ehepartners. Schließlich bietet die Rentenversicherung für Kinder, die schwer erkrankt sind oder deren Gesundheit gefährdet ist, spezielle Rehabilitationsleistungen an.

ANRECHNUNG DER KINDERERZIEHUNG

Mütter und Väter, die Kinder erziehen, können oft gar nicht oder nur noch eingeschränkt erwerbstätig sein. Somit kann der Elternteil, der sich zu Hause um die Kinder kümmert, keine eigenen Beiträge mehr in die gesetzliche Rentenversicherung einzahlen. Diese Beitragslücke wird geschlossen: Wer Kinder erzieht, bekommt dafür Pflichtbeitragszeiten gutgeschrieben und erhält für diesen Zeitraum später mehr Rente.

Kindererziehungszeiten, Berücksichtigungszeiten

Bei der Rentenanrechnung werden Kindererziehungszeiten und Berücksichtigungszeiten wegen Kindererziehung unterschieden:

- Die Kindererziehungszeit wirkt wie eine Beitragszeit und führt damit zu höheren Rentenansprüchen.
- Die Berücksichtigungszeiten wegen Kindererziehung haben keine direkte Auswirkung auf die Rentenhöhe. Allerdings können sie zu einer günstigeren Bewertung weiterer Zeiten und somit zu einer höheren Rente führen.

KINDERERZIEHUNGSZEITEN

Vollwertige Pflichtbeitragszeiten

Kindererziehungszeiten zählen wie vollwertige Pflichtbeitragszeiten, ohne dass der Erziehende eigene Beiträge in die Rentenversicherung einzahlen muss. Die Beiträge werden vom Bund übernommen. Als Pflichtbeitragszeiten können Kindererziehungszeiten sowohl Rentenansprüche begründen als auch erhöhen. Es wird so getan, als habe der Erziehende für die Jahre der Kindererziehung das Durchschnittseinkommen aller Versicherten erzielt und hierfür Beiträge in die gesetzliche Rentenversicherung gezahlt. Rentenmathematisch ausgedrückt bedeutet dies, dass dem Erziehenden für jedes Jahr der Kindererziehung knapp ein Entgeltpunkt zuerkannt wird. Ein Jahr Kindererziehung brachte im Jahr 2012 in den alten Bundesländern eine monatliche Rente von 28,07 Euro, in den neuen Bundesländern 24,92 Euro monatlich.

Die Kindererziehungszeit umfasst

- bei Geburten vor dem 1. Januar 1992 ein Jahr,
- bei Geburten ab 1992 beträgt sie drei Jahre.

Werden gleichzeitig mehrere Kinder erzogen (wenn z. B. während der Erziehungszeit ein weiteres Kind geboren wird), so verlängert sich die Kindererziehungszeit um die Zeit, in der der Erziehende gleichzeitig mehrere Kinder erzogen hat.

Die Kindererziehungszeit beginnt mit dem Ersten des Folgemonats nach der Geburt des Kindes und endet 36 bzw. 12 Monate später.

Beginn

Kindererziehungszeiten werden leiblichen Eltern, Adoptiv-, Stief- und Pflegeltern anerkannt. Großeltern und Verwandte können Kindererziehungszeiten geltend machen, wenn zwischen ihnen und dem Kind in einer häuslichen Gemeinschaft ein dauerhaftes Pflegeverhältnis besteht.

Die Kindererziehungszeit kann immer nur einem Elternteil gutgeschrieben werden. Sie wird dem Elternteil zugeordnet, der das Kind überwiegend erzogen hat. Erziehen beide Elternteile das Kind, kann gewählt werden, wer die Kindererziehungszeit gutgeschrieben bekommt. Geben die gemeinsam erziehenden Eltern keine Erklärung ab, werden die Kindererziehungszeiten automatisch der Mutter zugerechnet.

Vorsicht
Ausnahmsweise werden Kindererziehungszeiten nicht angerechnet bei Eltern, die während der Kindererziehung bereits eine Altersvollrente aus der gesetzlichen Rentenversicherung oder eine Altersversorgung nach beamtenrechtlichen Regelungen erhalten.

BERÜCKSICHTIGUNGSZEITEN WEGEN KINDERERZIEHUNG

Neben Beitragszeiten wegen Kindererziehung können Erziehende auch sogenannte Berücksichtigungszeiten erhalten. Diese wirken sich ebenfalls positiv auf die Rente aus. Die Berücksichtigungszeit für Kindererziehung beginnt mit dem Tag der Geburt und endet nach zehn Jahren. Sie wird unter den gleichen Voraussetzungen anerkannt wie die Kindererziehungszeit (siehe oben). Kindererziehungszeiten und Berücksichtigungszeit wegen Kindererziehung überschneiden sich also während der ersten drei Jahre der Erziehung.

Aufteilung zwischen den Eltern

Die Berücksichtigungszeit kann wie die Kindererziehungszeit zwischen den gemeinsam erziehenden Eltern aufgeteilt werden, wobei jedoch die ersten drei Jahre der Berücksichtigungszeit stets dem Ehegatten zugerechnet werden müssen, dem auch die Kindererziehungszeit zugeordnet worden ist.

ERZIEHUNGSRENTE ALS HILFE FÜR ALLEINERZIEHENDE

Die Erziehungsrente ist kaum bekannt – und wird daher nur selten in Anspruch genommen. Sie ist für Personen gedacht, die nach einer Scheidung allein erziehend sind und bei einem Tod des geschiedenen Ehepartners wegen der dann ausbleibenden Unterhaltszahlungen vor einer schwierigen finanziellen Situation stehen. Die Erziehungsrente soll die finanzielle Absicherung leisten, so lange eine Erwerbstätigkeit wegen der Kindererziehung nicht möglich ist. Anders als eine Hinterbliebenenrente wird diese Rente jedoch aus der Versicherung des Überlebenden gezahlt, also nicht aus Rentenversicherungszeiten des Verstorbenen berechnet.

Tipp

Eine Erziehungsrente gibt es nur auf Antrag. Weitere Auskünfte erteilt die Deutsche Rentenversicherung unter der kostenlosen Servicetelefon-Nummer (0800) 10 00 48 00 oder im Internet unter www.deutsche-rentenversicherung.de.

Erziehungsrente als Hilfe für Alleinerziehende 85

VORAUSSETZUNGEN

Eine Erziehungsrente wird gezahlt, wenn

- die Ehe nach dem 30. Juni 1977 geschieden und der geschiedene Ehegatte gestorben ist,
- ein eigenes Kind oder ein Kind des früheren Ehegatten (auch Stief- und Pflegekinder), das das 18. Lebensjahr noch nicht vollendet hat, erzogen wird (bei Kindern, die wegen einer Behinderung nicht in der Lage sind, selbst für ihren Unterhalt zu sorgen, gibt es keine Altersbeschränkung),
- der Alleinerziehende nicht wieder geheiratet hat und bis zum Tod des geschiedenen Ehegatten eine Mindestversicherungszeit mit Beitragszeiten von fünf Jahren zurückgelegt wurde.

> **Tipp**
> Auch wenn ein Rentensplitting (vgl. Seite 86 f.) unter den Ehegatten durchgeführt wurde, besteht unter den gleichen Voraussetzungen Anspruch auf die Erziehungsrente.

08

BERECHNUNG DER RENTE

Die Rentenhöhe entspricht einer Rente wegen voller Erwerbsminderung. Gleichzeitig erzieltes Einkommen wird auf die Erziehungsrente angerechnet, sofern es einen Freibetrag überschreitet. Jedoch wird es nur zu 40 Prozent angerechnet. Die Freibeträge erhöhen sich für jedes Kind. Durchschnittlich beträgt die Erziehungsrente etwa 700 bis 750 Euro monatlich.

Anrechnung von Einkommen

BEGINN UND ENDE DER RENTENZAHLUNG

Die Rente beginnt mit dem Ersten des Monats, ab dem die Voraussetzungen (siehe oben) erfüllt sind und der Antrag innerhalb von drei Monaten gestellt wurde. Andernfalls wird die Rente vom Monat der Antragstellung an gezahlt.

Die Erziehungsrente endet, wenn die Voraussetzungen nicht mehr vorliegen (z. B. wenn das Kind das 18. Lebensjahr erreicht). Spätestens mit Erreichen der Regelaltersgrenze (sie liegt bei 65 Jahren und wird seit 2012 schrittweise angehoben) endet die Rente. Danach wird, wenn nichts anderes bestimmt wird, die Regelaltersrente gezahlt.

VERSORGUNG VON HINTERBLIEBENEN

Die gesetzliche Hinterbliebenenrente soll nach dem Tod des Ehepartners, der Mutter oder des Vaters den Unterhaltsverlust teilweise ausgleichen und damit die Existenz des überlebenden Ehegatten und der Kinder sichern. Stirbt der Ehepartner, kann ein Anspruch auf Witwen- oder Witwerrente bestehen. Verlieren Kinder unter 18 Jahren einen Elternteil, können sie eine Waisenrente bekommen. Geschiedene, die ein minderjähriges Kind erziehen, können beim Tod des Ex-Partners eine Erziehungsrente erhalten. Diese gehört zwar zu den Renten wegen Todes, wird aber aus der eigenen Versicherung gezahlt (vgl. Seite 84 ff.).

WITWEN- ODER WITWERRENTE

Bei der Witwen- und Witwerrente ist zu unterscheiden, ob die Regelungen des alten oder neuen Hinterbliebenenrechts anzuwenden sind. Denn danach richtet sich, welches Einkommen zu berücksichtigen ist und ob bei der kleinen Witwen-/Witwerrente der grundsätzliche Anspruch auf Rentenzahlungen überhaupt besteht.

Die alten Regelungen des Hinterbliebenenrechts sind weiterhin maßgebend, wenn der Ehepartner vor dem 1. Januar 2002 gestorben ist oder der Ehepartner nach dem 31. Dezember 2001 gestorben ist. Sie gelten aber auch, wenn die Witwe bzw. der Witwer vor dem 1. Januar 2002 geheiratet hat und ein Ehepartner vor dem 2. Januar 1962 geboren ist.

Vorsicht
Anspruch auf Witwen- oder Witwerrente hat grundsätzlich nur, wer bis zum Tod seines Ehegatten mit diesem in einer gültigen Ehe gelebt hat. Keine Rolle spielt, ob die Eheleute tatsächlich zusammen oder getrennt gelebt haben.

Anspruch auf die kleine Witwen- oder Witwerrente besteht, wenn

- der verstorbene Ehegatte die allgemeine Wartezeit (Mindestversicherungszeit) von fünf Jahren erfüllt hat,
- die Witwe oder der Witwer noch nicht 45 Jahre alt ist (diese Altersgrenze wird bis zum Jahr 2029 stufenweise auf 47 Jahre angehoben),
- die Witwe/der Witwer nicht erwerbsgemindert ist,
- die Witwe/der Witwer kein Kind erzieht und
- die Witwe/der Witwer nicht wieder geheiratet hat.

Die kleine Witwen- oder Witwerrente beträgt 25 Prozent der Rente, auf die der Ehegatte zum Zeitpunkt seines Todes Anspruch gehabt hätte. Ist der Ehegatte vor dem 63. Lebensjahr verstorben, wird die Rente um einen Abschlag gekürzt. Die kleine Witwen-/Witwerrente wird nur für die Dauer von 24 Monaten nach dem Tod des Ehepartners gezahlt. Falls das alte Recht noch gilt, gibt es sie unbegrenzt.

Kleine Witwen-/Witwerrente

Anspruch auf die große Witwen-/Witwerrente besteht, wenn die Witwe oder der Witwer

Große Witwen-/Witwerrente

- das 45. Lebensjahr vollendet hat (diese Altersgrenze wird bis zum Jahr 2029 stufenweise auf 47 Jahre angehoben), oder
- erwerbsgemindert oder nach dem 31. Dezember 2000 geltenden Recht berufs- oder erwerbsunfähig ist oder
- ein eigenes oder ein Kind des Verstorbenen erzieht, das noch nicht 18 Jahre alt ist (hierzu zählen unter Umständen auch Stief- und Pflegekinder, Enkel und Geschwister).

Für Todesfälle seit dem 1. Januar 2012 wird die große Witwen-/Witwerrente nicht mehr ab Vollendung des 45. Lebensjahres gezahlt. Diese Altersgrenze wird vielmehr schrittweise seit 1. Januar 2012 bis zum 31. Dezember 2028 auf das 47. Lebensjahr angehoben.

Tipp

Bei einer erneuten Heirat fällt die Witwen- oder Witwerrente weg. In diesem Fall kann man einmalig eine Rentenabfindung erhalten. Sie beträgt grundsätzlich das 24-fache der Witwen- oder Witwerrente, die in den letzten zwölf Monaten durchschnittlich gezahlt wurde. Da die kleine Witwen-/Witwerrente höchstens 24 Monate gezahlt wird, wird der noch nicht verbrauchte Restbetrag bis zum Ende der Rentenlaufzeit ausgezahlt.

Die große Witwen-/Witwerrente beträgt 60 Prozent der Vollrente des Versicherten. Wurde die Ehe ab dem 1. Januar 2002 geschlossen und hatten – bei früherer Heirat – beide Ehegatten zu diesem Zeipunkt das 40. Lebensjahr noch nicht vollendet, beträgt die Witwen- oder Witwerrente 55 Prozent der Versicherungsrente, auf die der verstorbene Ehegatte Anspruch gehabt hätte oder die er bereits bezogen hat. Wenn der Ehegatte vor dem 63. Lebensjahr gestorben ist, wird die Rente um einen Abschlag gemindert.

RENTENSPLITTING UNTER EHEGATTEN

Ehepaare, die nach dem 31. Dezember 2001 geheiratet haben sowie Partner aus früher geschlossenen Ehen, die beide nach dem 1. Januar 1962 geboren sind, können statt einer Hinterbliebenenrente das Rentensplitting wählen.

Beim Splitting zwischen Ehegatten während der Ehezeit werden die im Laufe dieser Zeit erworbenen Anwartschaften beider Ehepartner gegenübergestellt. Derjenige, der mehr erworben hat, gleicht gegenüber dem anderen aus, sodass beide Ehepartner nach dem Splitting für die Ehezeit über die gleichen Anwartschaften verfügen.

Voraussetzungen

Das Rentensplitting ist aber erst dann möglich, wenn

- beide Ehepartner zum ersten Mal eine Vollrente wegen Alters beziehen,
- ein Ehepartner zum ersten Mal eine Vollrente wegen Alters bezieht und der andere die Regelaltersgrenze erreicht hat oder

- einer der Ehepartner verstirbt, bevor diese Voraussetzungen vorliegen.

Weitere Voraussetzung ist, dass beide Ehepartner jeweils über 25 Jahre an rentenrechtlichen Zeiten verfügen.

Für das Rentensplitting nach dem Tod des Ehepartners muss nur der überlebende Ehepartner mindestens 25 Jahre rentenrechtliche Zeiten nachweisen. Das Rentensplitting nach dem Tod des Partners kann für die Witwe oder den Witwer dann interessant sein, wenn ein eigenes Kind oder ein Kind des verstorbenen Ehegatten erzogen wird. Durch die Entscheidung für das Rentensplitting geht zwar der Anspruch auf Hinterbliebenenrente verloren, dafür kann aber ein Anspruch auf Erziehungsrente aus eigener Versicherung bestehen (vgl. Seite 84 ff.). Dieser Anspruch endet zwar mit der Vollendung des 18. Lebensjahres des jüngsten Kindes, dafür ist diese Rente in der Regel deutlich höher als die Witwen-/Witwerrente.

Auch wer bereits eine Witwen- oder Witwerrente bekommt, kann ein Rentensplitting beantragen. Lassen Sie sich vom Rentenversicherungsträger ausrechnen, wie sich das Splitting auswirkt, und entscheiden Sie dann, ob Sie davon Gebrauch wollen.

Vorsicht
Wenn bereits eine Witwenrentenabfindung (vgl. Seite 88) gezahlt wurde, ist ein Rentensplitting nicht mehr möglich. Deshalb sollte vor der Abfindung geprüft werden, ob das Splitting möglich und sinnvoll ist. Es wäre z. B. dann empfehlenswert, wenn der überlebende Ehegatte dauerhaft über ein hohes Einkommen verfügt, das zum Ruhen einer Witwen- oder Witwerrente führen würde. Auf die durch Rentensplitting übertragene Rentenanwartschaft wirkt sich die Höhe des Einkommens nicht aus.

HILFEN FÜR WAISEN

Wenn Vater oder Mutter oder beide Elternteile sterben, unterstützt die gesetzliche Rentenversicherung Kinder, Jugendliche und junge Erwachsene in der Ausbildung mit Waisenrenten.

Eine Waisenrente können leibliche und adoptierte Kinder sowie Stief- und Pflegekinder, die im Haushalt des Verstorbenen lebten, bekommen. Aber auch Enkel und Geschwister, die im Haushalt des Verstorbenen lebten oder von ihm überwiegend unterhalten wurden, können diese Rentenleistung erhalten.

Sie wird regelmäßig bis zum 18. Geburtstag des Kindes gezahlt. Längstens bis zur Vollendung des 27. Lebensjahres kann die Waise die Rente bekommen: vorausgesetzt, sie absolviert eine Schul- oder Berufsausbildung, ein freiwilliges soziales bzw. ökologisches Jahr oder leistet den Bundesfreiwilligendienst. Die Waisenrente wird auch gezahlt, wenn das Kind behindert ist und deshalb nicht selbst für sich sorgen kann.

Halbwaisenrente

Kinder haben nach dem Tod eines Elternteils Anspruch auf Halbwaisenrente. Und zwar dann, wenn

- noch ein unterhaltspflichtiger Elternteil lebt und
- der verstorbene Elternteil die allgemeine Wartezeit von fünf Jahren erfüllt hat.

Vollwaisenrente

Anspruch auf Vollwaisenrente besteht für Kinder, wenn

- sie keinen Elternteil mehr haben und
- die verstorbenen Elternteile die allgemeine Wartezeit von fünf Jahren erfüllt haben.

Die Halbwaisenrente beträgt zehn Prozent, die Vollwaisenrente 20 Prozent der Versichertenrente, auf die der Verstorbene Anspruch gehabt hätte oder die er bereits bezogen hat. Zur Waisenrente wird ein Zuschlag gezahlt, der sich nach den zurückgelegten rentenrechtlichen Zeiten des verstorbenen Elternteils oder der Eltern richtet.

Beginn der Rentenzahlung

Die Rentenzahlung beginnt mit dem Todestag des Verstorbenen, sofern er selbst keine Rente bezogen hat. War der Verstorbene bereits Rentner, beginnt die Waisenrente frühestens mit dem auf den Sterbemonat folgenden Monat. Bei verspäteter Antragstellung wird die Rente für nicht mehr als zwölf Monate rückwirkend geleistet.

REHABILITATION FÜR KINDER

Auch Kinder können schwer erkranken. Damit diese Krankheiten nicht chronisch werden, müssen sie rechtzeitig und angemessen behandelt werden. Die gesetzliche Rentenversicherung bietet deshalb Rehabilitation auch für Kinder an.

VORAUSSETZUNGEN

Grundsätzlich ist die Kinder-Reha der gesetzlichen Rentenversicherung bis zum vollendeten 18. Lebensjahr möglich. Erforderlich wird sie, wenn das Kind zwar schwer erkrankt ist, aber die Chance besteht, dass die Gesundheit wesentlich gebessert oder wiederhergestellt werden kann. Eine Rehabilitation ist außerdem möglich, wenn die Gesundheit in hohem Maße gefährdet ist oder Folgeerscheinungen einer Erkrankung die spätere Erwerbsfähigkeit beeinträchtigen können (z. B. bei Erkrankung der Atemwege oder des Herz-Kreislauf-Systems).

Schwere Erkrankung des Kindes

Neben diesen medizinischen Voraussetzungen muss ein Elternteil entweder in den letzten zwei Jahren vor dem Rehabilitationsantrag für mindestens sechs Monate Pflichtbeiträge für eine versicherte Beschäftigung gezahlt haben. Oder er muss bei Antragstellung die allgemeine Wartezeit von fünf Versicherungsjahren erfüllen.

LEISTUNGEN

Der zuständige Rentenversicherungsträger trägt die Kosten für Reise, Unterkunft, Verpflegung, ärztliche Betreuung, therapeutische Leistungen und medizinische Anwendungen. Ist das Kind noch nicht eingeschult oder aus medizinischen Gründen eine Begleitperson erforderlich, übernimmt die Rentenversicherung auf Antrag auch die Kosten für die Begleitperson. Darüber hinaus kann die Übernahme von Kosten für eine Haushaltshilfe beantragt werden. Für eine Kinderrehabilitation muss keine Zuzahlung geleistet werden.

> **Tipp**
> Antragsformulare erhalten Sie bei der Deutschen Rentenversicherung. Formulare finden Sie unter www.deutsche-rentenversicherung.de im Formularcenter unter dem Stichwort Rehabilitation.

09 LEISTUNGEN DER GESETZLICHEN KRANKENVERSICHERUNG

Die gesetzliche Krankenversicherung bietet Familien besondere finanzielle Unterstützung. Familienangehörige von Pflicht- und freiwilligen Versicherungsmitgliedern sind hier beitragsfrei mitversichert. Zusätzliche Freibeträge für Familienmitglieder verringern das Bruttoeinkommen, sodass die Beitragsbemessungsgrenze für die Zuzahlungspflicht schneller erreicht wird. Außerdem sind Kinder von Zuzahlungen fast vollständig befreit. Und Familien haben Anspruch auf besondere Leistungen gegenüber den gesetzlichen Krankenkassen.

BEITRAGSFREIE FAMILIENVERSICHERUNG

Familienangehörige des Versicherten sind unter bestimmten Voraussetzungen in der gesetzlichen Krankenversicherung beitragsfrei mitversichert. Dies ist unter anderem vom Alter und dem Einkommen des Angehörigen abhängig. Aus der Familienversicherung heraus können Leistungsansprüche unabhängig vom Mitglied geltend gemacht werden.

Die Familienversicherung besteht für

- Ehegatten und eingetragene Lebenspartner,
- Kinder von Mitgliedern und Kinder von familienversicherten Kindern. Als Kinder gelten auch Stiefkinder und Enkel, die das Mitglied überwiegend unterhält, sowie Pflegekinder und angenommene Kinder.

Familienversicherte Personen

Voraussetzung für die beitragsfreie Mitversicherung dieser Familienangehörigen ist, dass sie

Voraussetzungen

- ihren Wohnsitz oder gewöhnlichen Aufenthalt in Deutschland haben,
- nicht selbst Mitglied einer Krankenkasse sind,
- nicht versicherungsfrei (z. B. als höher verdienender Arbeitnehmer oder Beamter; unschädlich ist die Versicherungsfreiheit in einer geringfügigen Beschäftigung) oder von der Versicherung befreit sind,
- nicht hauptberuflich selbstständig tätig sind,
- kein Gesamteinkommen haben, das regelmäßig im Monat ein Siebtel der monatlichen Bezugsgröße (2013: 385 Euro) überschreitet (bei einer geringfügigen Beschäftigung beträgt das zulässige Gesamteinkommen 450 Euro).

BESONDERE VORAUSSETZUNGEN FÜR KINDER

Kinder sind grundsätzlich nur bis zur Vollendung des 18. Lebensjahres familienversichert. Diese Altersgrenze erhöht sich auf das 23. Lebensjahr, wenn sie nicht erwerbstätig sind, und auf das 25. Lebensjahr, wenn sie sich in der Schul- oder Berufsausbildung befinden, ein freiwilliges soziales bzw. ökologisches Jahr oder einen Bundesfreiwilligendienst leisten. Wird die Schul- oder Berufsausbildung unterbrochen, so verlängert sich der Anspruch über das 25. Lebensjahr hinaus, wenn die Unterbrechung z.B. durch freiwilligen Wehrdienst, den Bundesfreiwilligendienst oder ein freiwilliges soziales bzw. ökologisches Jahr begründet ist.

Für Kinder, die wegen körperlicher, geistiger oder seelischer Behinderung dauernd außerstande sind, sich selbst zu unterhalten, gilt keine Altersgrenze. Die Behinderung muss allerdings bereits während der Familienversicherung vor Erreichen der ansonsten maßgeblichen Altersgrenzen vorgelegen haben und darf nicht in absehbarer Zeit wegfallen.

Tipp

Bis zur Vollendung des 25. Lebensjahres sind Studenten regelmäßig über die Eltern kostenfrei familienversichert. Danach sind sie selbst pflichtversichert. Voraussetzung dafür ist, dass sie an einer deutschen Fach- oder Hochschule eingeschrieben sind. Dies gilt längstens bis zum Ende des 14. Fachsemesters bzw. bis zur Vollendung des 30. Lebensjahres. Eine Verlängerung ist nur unter bestimmten Voraussetzungen, wie zum Beispiel wegen einer Behinderung oder Kindererziehung möglich. Anschließend muss entweder eine freiwillige Krankenversicherung in der gesetzlichen Krankenversicherung oder eine private Krankenversicherung abgeschlossen werden, es sei denn, es besteht aufgrund einer anderen Vorschrift (z. B. als Beschäftigter) Versicherungspflicht.

AUSSCHLUSS DER MITVERSICHERUNG VON KINDERN

Die Familienversicherung eines Kindes ist ausgeschlossen, wenn der mit dem Kind verwandte Ehegatte oder eingetragene Lebenspartner nicht Mitglied der Krankenkasse ist und sein regelmäßiges Gesamteinkommen im Monat ein Zwölftel der Jahresarbeitsentgeltgrenze (2013: 4.350 Euro monatlich) übersteigt und regelmäßig höher ist als das des gesetzlich versicherten Ehegatten oder Lebenspartners.

ZUZAHLUNGEN

Seit Inkrafttreten der Gesundheitsreform 2007 haben sich Versicherte der gesetzlichen Krankenversicherung an den Kosten bestimmter Leistungen zu beteiligen. Jeder Versicherte hat pro Kalenderjahr Zuzahlungen höchstens bis zu seiner individuellen Belastungsgrenze zu zahlen. Finanzielle Unterstützung erfahren Familien durch zusätzliche Freibeträge bei der Berechnung der Zuzahlungsgrenze und der weitgehenden Zuzahlungsbefreiung von Kindern.

Individuelle Belastungsgrenze

GERINGERE BELASTUNGSGRENZEN DURCH HÖHERE FREIBETRÄGE FÜR FAMILIEN

Die Versicherten der gesetzlichen Krankenversicherung haben bei bestimmten Leistungen einen Eigenanteil zu tragen. Grundsätzlich sind Zuzahlungen in Höhe von zehn Prozent, mindestens jedoch fünf und höchstens zehn Euro zu entrichten. Damit Krankenversicherte durch die Zahlung nicht unzumutbar belastet werden, ist eine Zuzahlung nur bis zur Höhe einer bestimmten Belastungsgrenze zu leisten. Wird die Belastungsgrenze bereits innerhalb eines Kalenderjahres erreicht, hat die Krankenkasse eine Bescheinigung darüber zu erteilen, dass für den Rest des Kalenderjahres keine Zuzahlungen mehr zu leisten sind.

Höchstens zehn Euro

Die Belastungsgrenze beträgt zwei Prozent der jährlichen Bruttoeinnahmen zum Lebensunterhalt; für chronisch Kranke, die wegen derselben schwerwiegenden Krankheit in Dauerbehandlung sind, beträgt sie ein Prozent der jährlichen Bruttoeinnahmen zum Lebensunterhalt. Maßgebend ist also das Familienbruttoeinkommen. Zudem ist entscheidend, wie viele

Zwei Prozent der jährlichen Bruttoeinnahmen

Personen dem gemeinsamen Haushalt angehören und von dem Einkommen leben müssen – denn für jeden Familienangehörigen wird ein Freibetrag berücksichtigt. Dieser beträgt im Jahr 2013 für den Ehepartner oder den gesetzlich eingetragenen Lebenspartner 4.851 Euro und für jedes im Haushalt lebende Kind 7.008 Euro.

> **Tipp**
> Die Berechnung der Belastungsgrenze ist recht kompliziert, weil nicht nur das Arbeitseinkommen, sondern alle Einkünfte (z. B. Zinsen und Einnahmen aus Vermietung und Verpachtung) herangezogen werden. Für die konkrete Berechnung der individuellen Belastungsgrenze sollte man sich daher an seine Krankenkasse wenden.

Die Belastungsgrenze gilt für sämtliche Zuzahlungen im Bereich der gesetzlichen Krankenversicherung, also z. B. auch für Zuzahlungen bei Krankenhausbehandlung und bei stationären Vorsorge- und Rehabilitationsleistungen.

ZUZAHLUNGSBEFREIUNG FÜR KINDER

Kinder unter 18 Jahren

Kinder sind weitgehend von Zuzahlungen befreit. So sind Kinder unter 18 Jahren von allen Arzneimittel-Zuzahlungen befreit. Für Kinder unter zwölf Jahren sowie Jugendliche mit Entwicklungsstörungen bis zum vollendeten 18. Lebensjahr gilt außerdem, dass grundsätzlich alle Arzneimittel erstattungsfähig sind, also in der Regel auch nicht rezeptpflichtige Medikamente von der Kasse bezahlt werden. Die Befreiung von Zuzahlungen bis zum Alter von 18 Jahren gilt auch bei einer stationären Behandlung im Krankenhaus und bei der Verordnung von Hilfsmitteln (z. B. Gehhilfe) und Heilmitteln (z. B. Bewegungstherapien), wenn die gesundheitliche Entwicklung des Kindes gefährdet ist.

Kieferorthopädische Behandlung

Für Kinder und Jugendliche, die bei Beginn der kieferorthopädischen Behandlung (z. B. Zahnspange) das 18. Lebensjahr noch nicht vollendet haben, ist eine Zuzahlung in Höhe von 20 Prozent der anfallenden Kosten zu entrichten. Das Geld wird nach erfolgreich abgeschlossener Behandlung von der

Kasse zurückerstattet. Befinden sich mindestens zwei versicherte Kinder, die bei Behandlungsbeginn das 18. Lebensjahr noch nicht vollendet haben und mit ihren Erziehungsberechtigten in einem gemeinsamen Haushalt leben, in kieferorthopädischer Behandlung, beträgt der Eigenanteil für das zweite und jedes weitere Kind zehn Prozent.

Für Zahnersatz leisten die Krankenkassen befundbezogene Festzuschüsse. Diese Regelung gilt auch für Kinder.

BESONDERE LEISTUNGEN FÜR FAMILIEN

Die gesetzliche Krankenversicherung zahlt Kinderkrankengeld, wenn der Arbeitnehmer wegen Krankheit des Kindes der Arbeit fernbleiben muss und sein Gehalt nicht weitergezahlt wird. Versicherte haben Anspruch auf Haushaltshilfe, wenn ihnen unter bestimmten Umständen die Weiterführung des Haushalts nicht möglich ist. Daneben haben Familien zahlreiche weitere Ansprüche auf finanzielle Unterstützung.

Kinderkrankengeld, Haushaltshilfe

KINDERKRANKENGELD

In der gesetzlichen Krankenversicherung Versicherte haben Anspruch auf Kinderkrankengeld, wenn sie

- zur Beaufsichtigung, Betreuung oder Pflege des erkrankten und versicherten Kindes der Arbeit fernbleiben müssen,
- eine andere in ihrem Haushalt lebende Person das Kind nicht betreuen oder pflegen kann und
- das Kind das zwölfte Lebensjahr noch nicht vollendet hat.

Voraussetzungen

Anspruch auf Krankengeld besteht bei Erkrankung eines Kindes auch dann, wenn zwar das Kind das zwölfte Lebensjahr vollendet hat, aber behindert und auf Hilfe angewiesen ist. Die

Aufhebung der Altersgrenze gilt für behinderte Kinder, bei denen die Behinderung bis zum 18. Lebensjahr, bei Schul- oder Berufsausbildung bis zum 25. Lebensjahr eingetreten ist.

Bis zu zehn Arbeitstage im Kalenderjahr kann Kinderkrankengeld in Anspruch genommen werden – und zwar für dasselbe Kind von jedem beschäftigten Elternteil. Leben in der Familie mehrere versicherte Kinder, werden die Ansprüche in einem Kalenderjahr entsprechend mehrfach eingeräumt. Insgesamt ist der Anspruch für einen Versicherten allerdings auf 25 Arbeitstage begrenzt. Bei allein erziehenden Versicherten wird der Anspruch je Kind auf 20 Arbeitstage bzw. für mehrere Kinder insgesamt auf 50 Arbeitstage im Kalenderjahr verlängert.

Schwerstkranke Kinder

Für schwerstkranke Kinder gibt es eine Sonderregelung. Danach besteht ein unbegrenzter Anspruch auf Kinderkrankengeld, wenn ein Elternteil zur Beaufsichtigung, Betreuung oder Pflege des schwerstkranken und versicherten Kindes der Arbeit fernbleibt. Voraussetzung ist, dass das Kind das zwölfte Lebensjahr noch nicht vollendet hat. Die Sonderregelung gilt aber auch, wenn das Kind behindert und auf Hilfe angewiesen ist und nach ärztlichem Attest an einer Erkrankung leidet, die sich fortlaufend verschlimmert und bei der eine Heilung ausgeschlossen und eine palliativmedizinische Behandlung notwendig oder von einem Elternteil erwünscht ist und die Erkrankung lediglich eine begrenzte Lebenserwartung von Wochen oder wenigen Monaten erwarten lässt. Auf die Sonderregelung hat nur ein Elternteil Anspruch.

Höhe des Kinderkrankengeldes

Das Kinderkrankengeld wird von dem Tag an gezahlt, an dem die Voraussetzungen erfüllt sind. Es beträgt 70 Prozent des beitragspflichtigen Arbeitsentgelts oder -einkommens. Das aus dem Arbeitsentgelt berechnete Krankengeld darf 90 Prozent des Nettoarbeitsentgelts jedoch nicht übersteigen.

HAUSHALTSHILFE

Versicherte der gesetzlichen Krankenversicherung haben Anspruch auf Haushaltshilfe, wenn sie wegen einer Krankenhausbehandlung oder wegen häuslicher Krankenpflege, einer Müttergenesungskur oder einer Vorsorge- bzw. Rehabilitationskur den Haushalt nicht weiterführen können. Voraussetzung ist, dass das Kind bei Arbeitsbeginn der Haushaltshilfe noch keine zwölf Jahre alt oder behindert und auf Hilfe angewiesen ist.

> **Vorsicht**
> Der Anspruch auf Haushaltshilfe besteht nur, soweit eine im Haushalt lebende Person den Haushalt nicht weiterführen kann.

Als Haushaltshilfe stellt die Krankenkasse eine Ersatzkraft. Andernfalls sind dem Versicherten die Kosten für eine selbst beschaffte Ersatzkraft in angemessener Höhe zu erstatten. Eine Erstattung erfolgt nicht für Verwandte und Verschwägerte bis zum zweiten Grad (z. B. Kinder, Eltern).

Krankenkasse stellt Ersatzkraft

Für die Haushaltshilfe haben Versicherte zehn Prozent der kalendertäglichen Kosten zu tragen. Ihre Zuzahlung beläuft sich aber pro Tag auf mindestens fünf und höchstens zehn Euro.

Anspruch auf Haushaltshilfe besteht auch, wenn der Haushalt wegen Schwangerschaft oder Entbindung nicht weitergeführt werden und dies niemand sonst im Haushalt übernehmen kann. Im Gegensatz zur Haushaltshilfe ist es in diesen Fällen nicht erforderlich, dass ein weiteres Kind im Haushalt lebt. Voraussetzung ist allein, dass die versicherte Frau einen Haushalt und diesen auch selbst geführt hat. Außerdem muss die Leistung durch die Schwangerschaft bzw. die Entbindung begründet sein. Meist wird sie bei einer Entbindung gewährt, während einer Schwangerschaft nur in Ausnahmefällen (z. B. bei ärztlich verordneter Bettruhe).

Voraussetzungen

Haushaltshilfe bei Schwangerschaft oder Entbindung unterliegt keiner zeitlichen Beschränkung, sie wird so lange geleistet, wie dies vom Arzt oder der Hebamme für notwendig erachtet wird. Auch nach der Entbindung besteht grundsätzlich

> **Tipp**
> Für Haushaltshilfe wegen Schwangerschaft oder Entbindung ist keine Zuzahlung zu leisten.

Anspruch, wenn die Frau noch geschwächt ist und den Haushalt nicht weiterführen kann.

WEITERE LEISTUNGEN

Die gesetzliche Krankenversicherung übernimmt die Kosten für die Schwangerschaftsvorsorge, die Betreuung vor und nach der Entbindung und für diese selbst. Für alle Maßnahmen sind keine Zuzahlungen zu leisten. Gewährt werden ärztliche Betreuung einschließlich der Vorsorgeuntersuchungen während der Schwangerschaft, Gesundheitsvorsorge, Versorgung mit Arzneimitteln und Heilmitteln, stationäre Entbindung, häusliche Krankenpflege und Haushaltshilfe.

Früherkennungsuntersuchungen

Die gesetzliche Krankenkasse übernimmt die Früherkennungsuntersuchungen von Kindern von der Geburt bis zum sechsten Lebensjahr des Kindes (U1 bis U9) und die Vorsorgeuntersuchung von Jugendlichen im Alter zwischen 13 und 14 Jahren (J1). Auch die Kosten von Schutzimpfungen von Kindern werden übernommen. Nicht bezahlt werden Impfungen gegen Krankheiten, die auf Reisen ins Ausland drohen.

Mutter-/Vater-Kind-Kuren

Maßnahmen der medizinischen Vorsorge und Rehabilitation für Mütter und Väter (Mutter-/Vater-Kind-Kuren) sind Pflichtleistungen der gesetzlichen Krankenkassen. Wenn solche Maßnahmen medizinisch notwendig sind, müssen sie von der Kasse bezahlt werden.

LEISTUNGEN DER GRUNDSICHERUNG

10

Die Grundsicherung ist eine aus Steuergeldern finanzierte Sozialleistung, die den Lebensunterhalt der Bedürftigen sicherstellen soll. Es wird zwischen den Grundsicherungsleistungen der Sozialhilfe und der Grundsicherung für Arbeitsuchende unterschieden. Bei den Grundsicherungsleistungen der Sozialhilfe gibt es die Grundsicherung im Alter und bei Erwerbsunfähigkeit sowie Hilfe zum Lebensunterhalt. Zur Grundsicherung für Arbeitsuchende gehören das Arbeitslosengeld II und das Sozialgeld.

BERECHTIGTE

Für die verschiedenen Arten der Grundsicherung gelten jeweils spezielle Anspruchsvoraussetzungen. Gemeinsam ist allen, dass sie das Existenzminimum sichern sollen und nur gewährt werden, wenn der Betroffene nicht über ein ausreichendes Einkommen und Vermögen verfügt, um seinen Bedarf selbst zu sichern.

ARBEITSLOSENGELD II

Erwerbsfähige und hilfebedürftige Personen

Arbeitslosengeld II erhalten nur Personen zwischen dem 15. Lebensjahr und dem Beginn der Regelaltersrente, die erwerbsfähig und hilfebedürftig sind. Erwerbsfähig sind Personen, die nicht wegen Krankheit oder Behinderung auf absehbare Zeit außerstande sind, unter den üblichen Bedingungen des allgemeinen Arbeitsmarkts mindestens drei Stunden täglich zu arbeiten. Hilfebedürftig ist, wer seinen Lebensunterhalt sowie den der mit ihm zusammenlebenden Personen nicht aus eigenen Kräften und Mitteln sichern kann. Hierbei sind das Vermögen und das Einkommen zu berücksichtigen.

SOZIALGELD

Bedarfsgemeinschaft

Sozialgeld erhalten Personen, die nicht erwerbsfähig sind und in einer sogenannten Bedarfsgemeinschaft mit einem Erwerbsfähigen leben. Von einer Bedarfsgemeinschaft spricht man, wenn mehrere Personen zusammenleben, um ihr Leben zu finanzieren. Leben Kinder im Haushalt des Erwerbsfähigen, erhalten diese Sozialgeld, solange sie nicht selbst erwerbsfähig sind. Kinder unter 15 Jahren gelten stets als nicht erwerbsfähig. Bei volljährigen, nicht erwerbsfähigen Kindern haben Leistungen der Grundsicherung bei Erwerbsminderung (vgl. unten) Vorrang.

GRUNDSICHERUNG BEI ERWERBSMINDERUNG

Der Anspruch auf Grundsicherung bei Erwerbsunfähigkeit kommt in Betracht, wenn eine Person aus medizinischen Gründen dauerhaft voll erwerbsgemindert ist. Das bedeutet, dass sie keine Tätigkeit mehr mindestens drei Stunden täglich verrichten kann. Der Anspruch ist jedoch ausgeschlossen, wenn die Bedürftigkeit in den letzten zehn Jahren vorsätzlich oder grob fahrlässig selbst herbeigeführt wurde. Ob eine volle Erwerbsminderung besteht, prüft der Rentenversicherungsträger im Auftrag des Trägers der Sozialhilfe.

Erwerbsminderung

HILFE ZUM LEBENSUNTERHALT

Hilfe zum Lebensunterhalt ist nachrangig gegenüber den anderen Grundsicherungsleistungen. Sie kommt also nur dann in Betracht, wenn kein Anspruch auf diese Sozialleistungen besteht. Hilfe zum Lebensunterhalt erhalten z. B. Kinder unter 15 Jahren, die in einer Bedarfsgemeinschaft mit Beziehern von Grundsicherung leben (z. B. bei den Großeltern) und ihren Lebensunterhalt insbesondere aus Unterhaltsansprüchen nicht sicherstellen können.

Kein Anspruch auf Grundsicherungsleistungen

HÖHE DER LEISTUNGEN

Grundsicherung wird in sogenannten Leistungen zur Deckung von Regelbedarfen gewährt. Bestimmte Gruppen von Hilfebedürftigen, bei denen von vornherein feststeht, dass der in der Regelleistung pauschalierte Bedarf wegen der besonderen Verhältnisse nicht ausreicht, haben einen gesetzlich verankerten Anspruch auf einen prozentual pauschalierten Mehrbedarf. Unter Umständen kommen auch einmalige Leistungen in Betracht. Schließlich werden die Kosten der Unterkunft und Heizkosten, soweit sie angemessen sind, übernommen.

Deckung von Regelbedarfen

REGELLEISTUNGEN ZUR SICHERUNG DES LEBENSUNTERHALTS

Die Regelleistung zur Sicherung des Lebensunterhalts umfasst insbesondere Ernährung, Kleidung, Körperpflege, Hausrat, Haushaltsenergie ohne die auf die Heizung entfallenden Teile, Bedarfe des täglichen Lebens sowie in vertretbarem Umfang auch Beziehungen zur Umwelt und eine Teilnahme am kulturellen Leben. Die Regelleistungen sollen den Hilfebedürftigen eine menschenwürdige Lebensführung ermöglichen.

Regelleistungen

Zurzeit gelten folgende monatliche Leistungen zur Deckung des Regelbedarfs:

- für eine alleinstehende Person 382 Euro,
- für eine allein erziehende Person 382 Euro,
- für Haushaltsangehörige, die als Ehegatten oder Lebenspartner zusammenleben ab Beginn des 19. Lebensjahrs jeweils 345 Euro,
- für Kinder bis zur Vollendung des sechsten Lebensjahres 224 Euro,
- für Kinder vom Beginn des siebten bis zur Vollendung des 14. Lebensjahres 255 Euro,
- für Kinder ab dem 15. Lebensjahr 289 Euro.

Kindergeld

Kindergeld für im Haushalt lebende Kinder wird als Einkommen der Kinder gerechnet, wenn diese das Kindergeld für ihren Lebensunterhalt benötigen. Ist dies nicht der Fall oder leben die Kinder außerhalb des Haushalts, so ist Kindergeld Einkommen der Eltern, es sei denn, es wird nachweislich an die Kinder weitergeleitet.

Leistet ein Elternteil seinem grundsicherungsberechtigten Kind Unterhalt (z. B. weil die Eltern geschieden sind und der Vater zur Zahlung von Unterhalt verurteilt wurde), handelt es sich hierbei um Einkommen des Grundsicherungsberechtigten, welches bedarfsmindernd auf die Grundsicherung anzurechnen ist. Grundsicherungsberechtigte profitieren also im Ergebnis nicht von solchen Unterhaltszahlungen.

ZUSCHLÄGE

Neben der Regelleistung können Hilfebedürftige noch Anspruch auf den Mehrbedarf haben.

Alleinerziehende erhalten einen Mehrbedarf von 36 Prozent bei einem Kind unter sieben Jahren oder bei zwei bis drei Kindern unter 16 Jahren. Alternativ erhalten sie je zwölf Prozent für jedes Kind, sofern dies einen höheren Zahlbetrag ergibt, höchstens jedoch 60 Prozent der maßgebenden Regelleistung. Als allein erziehend gelten Personen, die mit einem oder mehreren minderjährigen Kindern zusammenleben und allein für deren Pflege und Erziehung sorgen.

Alleinerziehende

Schwangere erhalten nach der zwölften Schwangerschaftswoche einen Mehrbedarf von 17 Prozent der maßgebenden Regelleistung.

Schwangere

Behinderte erhalten einen Mehrbedarf von 35 Prozent der maßgebenden Regelleistung, wenn sie erwerbsfähig sind und Leistungen zur Teilhabe am Arbeitsleben oder sonstige Hilfen bekommen, um einen geeigneten Arbeitsplatz zu finden oder auch Hilfe zur Ausbildung erhalten.

Behinderte

Wird Warmwasser nicht über den Vermieter abgerechnet (und damit als Wohnkosten gedeckt), so wird für diese dezentrale Warmwasserversorgung ein prozentualer Zuschlag gezahlt. Dieser beträgt z. B. für einen Alleinstehenden monatlich 29,69 Euro.

Muss ein Hilfebedürftiger sich aus medizinischen Gründen kostenaufwendig ernähren, erhält er einen Mehrbedarf „in angemessener Höhe".

Die Summe des insgesamt anzuerkennenden Mehrbedarfs darf die maßgebende Regelbedarfsstufe bzw. (beim Arbeitslosengeld II) den für erwerbsfähige Leistungsberechtigte maßgebenden Regelbedarf nicht übersteigen.

EINMALIGE LEISTUNGEN

Einmalige Leistungen werden für die Erstausstattung der Wohnung (einschließlich der Haushaltsgeräte), für Erstausstattung mit Bekleidung sowie für die Erstausstattung bei Schwangerschaft und Geburt erbracht. Auch für die Anschaffung und Reparaturen von orthopädischen Schuhen, Reparaturen von therapeutischen Geräten und Ausrüstungen sowie für die Mieten von therapeutischen Geräten können einmalige Hilfen gewährt werden. Darüber hinaus können Hilfebedürftige, die keine laufende Hilfe erhalten, einmalige Leistungen beantragen. Die Leistungen können auch als Pauschalbeträge erbracht werden.

LEISTUNGEN FÜR KINDER NACH DEM BILDUNGS- UND TEILHABEPAKET

Seit 2011 haben Kinder, Jugendliche und junge Erwachsene aus einkommensschwachen Familien Anspruch auf Leistungen aus dem sogenannten „Bildungs- und Teilhabepaket". Damit soll ihre Teilnahme am sozialen und kulturellen Leben erleichtert werden.

Tipp
Wenn Sie Fragen zum Bildungspakt haben, sollten Sie sich an Ihr zuständiges Jobcenter oder an die Gemeinde- und Stadtverwaltung wenden. Einzelheiten erfahren Sie unter www.bildungspaket.bmas.de.

BERECHTIGTE

Das Bildungs- und Teilhabepaket gilt für alle Familien, die Arbeitslosengeld II, Sozialgeld, Sozialhilfe, den Kinderzuschlag (vgl. Seite 36 ff.) oder Wohngeld (vgl. Seite 73 ff.) beziehen. Anspruch darauf haben Kinder und Jugendliche bis zur Vollendung des 25. Lebensjahres. Leistungen, um bei Kultur-,

Sport- und Freizeitangeboten mitzumachen, werden bis zur Vollendung des 18. Lebensjahres gewährt.

LEISTUNGEN

Kinder von Eltern, die die oben genannten Sozialleistungen beziehen, haben grundsätzlich einen Rechtsanspruch auf folgende finanzielle Hilfen:

Mittagessen in Kita, Schule und Hort: Es gibt einen Zuschuss, wenn Aufwendungen für ein gemeinschaftliches Mittagessen in Schule, Hort oder Kita entstehen. Den Eltern verbleibt ein Eigenanteil von einem Euro pro Tag und Essen.

Lernförderung: Leistungsberechtigte Schülerinnen und Schüler können Lernförderung in Anspruch nehmen, wenn nur dadurch das wesentliche Lernziel erreicht werden kann. Voraussetzung ist insbesondere, dass die Schule den Bedarf bestätigt und keine vergleichbaren schulischen Angebote bestehen. Die Lernförderung kann in der Schule oder außerhalb stattfinden.

Kultur, Sport, Mitmachen: Sport-, Spiel- und Kulturaktivitäten werden finanziell unterstützt. So werden z. B. für Musikunterricht oder die Mitgliedschaft in einem Sportverein für jedes Kind zehn Euro monatlich übernommen.

Schulbedarf und Ausflüge: 100 Euro werden gezahlt, um bedürftige Kinder mit den nötigen Lernmaterialien auszustatten. Zu Beginn des Schuljahres werden 70 Euro und im Februar darauf 30 Euro gezahlt.

Teilnahme an Tagesausflügen: Es werden die tatsächlichen Kosten (z. B. der Eintritt in ein Museum) bei eintägigen Ausflügen übernommen.

Mehrtägige Klassenausflüge: Auch hier werden die tatsächlichen Kosten (z. B. für Übernachtungen sowie Hin- und Rückfahrten) übernommen.

Schülerbeförderung: Insbesondere wer eine weiterführende Schule besucht, hat oft einen weiten Schulweg. Fallen Kosten für Bus oder Bahn an, die nicht aus dem eigenen Budget bestritten werden können oder durch andere Träger übernommen werden, ist eine Erstattung dieser Ausgaben möglich. In vielen Bundesländern gibt es Schulförderungsgesetze, die günstigere Bedingungen für die Kostenübernahme beinhalten. Die Schulträger und Verkehrsbetriebe informieren hierzu!

ANTRAG UND VERFAHREN

Zuständige Behörde

Leistungen aus dem Bildungspaket müssen (mit Ausnahme der 100 Euro für Schulbedarf) beantragt werden. Zuständig und Träger der Leistungen im Bereich der Grundsicherung für Arbeitsuchende (also Bezieher von Arbeitslosengeld II und Sozialgeld) sind die Kreise und kreisfreien Städte. Anlaufstelle für diese Aufgaben sind in der Regel die örtlichen Jobcenter. Familien, die Sozialhilfe, Wohngeld oder den Kinderzuschlag erhalten, sollten sich an das Rathaus oder Bürgermeisteramt in ihrem Ort oder die Kreisverwaltung wenden und dort nach dem zuständigen Leistungsträger fragen.

LEISTUNGEN DES ARBEITGEBERS

11

Unter Umständen sind auch Arbeitgeber verpflichtet, finanzielle oder andere Leistungen für Familien zu erbringen. Diese Pflicht kann gesetzlich, durch Tarifvertrag oder Betriebsvereinbarung festgeschrieben sein. So besteht ein gesetzlicher Anspruch auf Freistellung zur Pflege eines erkrankten Kindes. Für die Zeit der Freistellung haben Mitglieder in der gesetzlichen Krankenversicherung Anspruch auf Kinderkrankengeld. Während der Mutterschutzfristen haben Arbeitnehmerinnen Anspruch auf Mutterschaftsgeld und einen Zuschuss des Arbeitgebers. Unter bestimmten gesetzlichen Voraussetzungen können sie von ihrem Arbeitgeber Mutterschutzlohn verlangen. Auch kann der Arbeitgeber den privaten Vermögensaufbau durch vermögenswirksame Leistungen fördern.

MUTTERSCHUTZLOHN ALS ENTGELTFORTZAHLUNG BEI BESCHÄFTIGUNGSVERBOT

Ausgleich für Verdienstausfall

Der Arbeitgeber darf eine schwangere oder stillende Arbeitnehmerin nur eingeschränkt einsetzen. So dürfen werdende Mütter in den letzten sechs Wochen vor der Entbindung nicht beschäftigt werden. Gleiches gilt für Mütter bis zum Ablauf von acht Wochen, bei Früh- und Mehrlingsgeburten bis zum Ablauf von zwölf Wochen nach der Geburt des Kindes. Als Ausgleich für den Verdienstausfall durch das generelle Beschäftigungsverbot während der Mutterschutzfristen erhalten Arbeitnehmerinnen Mutterschaftsgeld (vgl. dazu Seite 20 ff.). Aber auch außerhalb der Mutterschutzfristen kann es zu Verdienstausfällen kommen. So zum Beispiel dadurch, dass die Arbeitnehmerin nach dem Gesetz während der Schwangerschaft keine Mehr-, Nacht- oder Sonntagsarbeit mehr leisten darf oder weil ein Arzt attestiert, dass Leben oder Gesundheit von Mutter oder Kind bei einer Weiterbeschäftigung gefährdet ist. In diesen Fällen hat die Schwangere einen gesetzlichen Anspruch auf Mutterschutzlohn gegenüber ihrem Arbeitgeber.

BERECHTIGTE

Anspruch auf Mutterschutzlohn haben Frauen, die in einem Arbeitsverhältnis stehen und Heimarbeiterinnen. Die Dauer des Arbeitsverhältnisses spielt keine Rolle. Der Anspruch setzt keine Wartezeit voraus.

VORAUSSETZUNGEN

Anspruch auf Mutterschutzlohn besteht, wenn die Arbeitnehmerin wegen

- eines Beschäftigungsverbots,
- des Verbots der Mehrarbeit sowie der Nacht-, Sonn- und Feiertagsarbeit oder wegen
- dieser Verbote auf einen Ersatzarbeitsplatz umgesetzt wird und die Entlohnungsart wechseln muss und
- deshalb ganz oder teilweise mit der Arbeit aussetzt und deshalb einen Verdienstausfall bzw. eine Verdienstminderung hinnehmen muss.

Kein Anspruch auf Mutterschutzlohn besteht dann, wenn zwischen dem Verdienstausfall oder der -minderung und den oben genannten Beschäftigungsverboten kein ursächlicher Zusammenhang besteht. So zum Beispiel, wenn die Arbeitnehmerin arbeitsunfähig ist und die Erkrankung in keinem Zusammenhang mit der Schwangerschaft steht (z. B. bei einem Augenleiden). Allerdings hat sie in solchen Fällen für die Dauer von sechs Wochen Anspruch auf Lohnfortzahlung.

> **Vorsicht**
> Kein Anspruch auf Zahlung von Mutterschutzlohn besteht, wenn der Arbeitnehmerin für die Zeit der Mutterschutzfristen Mutterschaftsgeld zusteht (vgl. dazu Seite 20 ff.). Der Anspruch auf Mutterschutzlohn und der Anspruch auf Mutterschaftsgeld schließen sich also aus.

BERECHNUNG UND DAUER

Während des Beschäftigungsverbots erhält die Arbeitnehmerin ihren bisherigen Durchschnittsverdienst der letzten 13 Wochen oder der letzten drei Monate vor Eintritt der Schwangerschaft. Als Entgeltbestandteile, die bei der Berechnung zu berücksichtigen sind, zählen auch vom Arbeitgeber zu zahlende Zuschläge (z. B. für Mehrarbeit, Nacht-, Sonn- oder Feiertagsarbeit) sowie Zulagen (z. B. Zulagen für eine Rufbereitschaft). Lohnersatzleistungen, so z. B. monatlich aufgrund vertraglicher oder tarifvertraglicher Vereinbarung zu zahlende vermögenswirksame Leistungen, sind weiterzugewähren. Einmalzahlungen wie Urlaubsgeld oder Weihnachtsgratifikationen bleiben aber außer Betracht.

Entgeltbestandteile

Die Entgeltfortzahlungspflicht besteht für die gesamte Dauer des Beschäftigungsverbots der Arbeitnehmerin.

ANSPRUCH AUF FREISTELLUNG DURCH DEN ARBEITGEBER

Wenn das Kind krank ist, drängt sich – je nach Alter des Kindes – die Frage der Betreuung auf. Bei berufstätigen Eltern ist dann organisatorisches Talent gefordert. Doch häufig versagt in derartigen Situationen das Netzwerk: Die Großeltern können nicht einspringen und ein Babysitter kann erst am Abend. Also muss Mama oder Papa zuhause bleiben. Mitglieder der gesetzlichen Krankenkasse können sich in solchen Fällen unbezahlt vom Arbeitgeber freistellen lassen. Und die Krankenkasse zahlt in dieser Zeit Krankengeld (vgl. dazu Seite 97 f.).

Voraussetzung für den Anspruch auf Freistellung zur Pflege des erkrankten Kindes ist nach § 45 SGB V, dass

- das Kind noch keine zwölf Jahre alt ist,
- die Betreuung aus ärztlicher Sicht erforderlich ist,
- über die Krankheit ein ärztliches Zeugnis vorgelegt wird und
- im Haushalt keine andere Person lebt, die das Kind betreuen kann.

Vorsicht
Wie bei jeder Arbeitsunfähigkeit muss der Arbeitgeber möglichst noch vor Arbeitsbeginn, spätestens jedoch in der Regel zwei Stunden nach dem eigentlichen Arbeitsbeginn über die Erkrankung des Kindes benachrichtigt werden. Versäumt der Arbeitnehmer diese Pflicht, so kann dies zu einer Abmahnung und im Wiederholungsfalle auch zu einer Kündigung des Arbeitsverhältnisses führen.

Liegen diese Voraussetzungen vor, kann man sich für jedes Kind unbezahlt bis zu zehn Arbeitstage im Jahr, als Alleinerziehende 20 Arbeitstage im Jahr freistellen lassen. Bei mehreren Kindern kann man für höchstens 25 Arbeitstage, als Alleinerziehende für höchstens 50 Arbeitstage im Jahr unbezahlte Freistellung verlangen.

Wer privat versichert ist, kann sich auf die Regelung des § 45 SGB V nicht berufen. Für Privatversicherte gilt dann nur die Regelung des § 616 BGB. Der Arbeitgeber muss den Arbeitnehmer danach für kurze Zeit bezahlen und von der Arbeit freistellen, damit das kranke Kind betreut und/oder nach einer anderen Betreuungsperson gesucht werden kann. Bei der Pflege von Kleinkindern können vom Arbeitnehmer im Regelfall fünf Tage Freistellung bei Fortzahlung der Vergütung verlangt werden.

VERMÖGENSWIRKSAME LEISTUNGEN FÜR DEN PRIVATEN VERMÖGENSAUFBAU

Extra-Geld vom Chef – und das jeden Monat. Viele Arbeitnehmer haben Anspruch auf vermögenswirksame Leistungen, machen jedoch von diesem Recht keinen Gebrauch. Je nach Branche beträgt das Geldgeschenk 6,45 bis 40 Euro monatlich. Arbeitgeber und Arbeitnehmer vereinbaren, dass ein Teil des Nettogehalts – nach Abzug von Steuern und Sozialversicherung – auf einen Sparvertrag überwiesen wird. Und das Sahnehäubchen kommt am Ende des Jahres: Dann gibt es zusätzlich eine Arbeitnehmersparzulage. Auf diese Art und Weise kann ein Arbeitnehmer ohne finanziellen Aufwand ein Spargutenhaben aufbauen.

Tipp
Arbeitnehmer sollten in jedem Fall den Anspruch auf vermögenswirksame Leistungen nutzen. Die kleinen Monatsraten fallen im Budget kaum ins Gewicht, verschaffen aber über die Sparlaufzeit ein kleines finanzielles Polster. Zudem können an der Vermögensbildung sowohl Arbeitgeber als auch Vater Staat beteiligt werden.

ANSPRUCH

Es besteht kein gesetzlicher Anspruch auf vermögenswirksame Leistungen des Arbeitgebers. In der Regel wird jedoch ein Anspruch durch einen Tarifvertrag oder eine Betriebsvereinbarung begründet. In diesen Fällen steht die Leistung meist allen fest angestellten Arbeitnehmern, Beamten, Richtern, Soldaten und Auszubildenden zu. Häufig sind Arbeitgeber aber auch bereit, die Leistung freiwillig zu gewähren.

Anspruch durch Tarifvertrag oder Betriebsvereinbarung

Tipp

Erkundigen Sie sich bei Ihrer Personalabteilung oder Ihrem Betriebsrat, ob Ihr Tarifvertrag oder eine Betriebsvereinbarung vermögenswirksame Leistungen vorsieht. Unter Umständen ergibt sich auch aus Ihrem Arbeitsvertrag ein Anspruch. Andernfalls können Sie Ihren Arbeitgeber lediglich darum bitten, einen Teil Ihres Gehalts direkt in eine Anlageform zu überweisen. Nur so können Sie die staatliche Förderung (Arbeitnehmersparzulage; vgl. unten) in Anspruch nehmen.

ANLAGEFORMEN

Um vermögenswirksame Leistungen vom Arbeitgeber zu erhalten, müssen Arbeitnehmer einen speziellen Sparplan abschließen. Möglich sind folgende Anlageformen:

- Banksparplan,
- Bausparvertrag,
- Aktienfonds-Sparplan,
- Kapitallebensversicherung,
- Tilgung eines Baukredits,
- betriebliche Altersvorsorge.

Welche Anlageform die richtige ist, hängt von den individuellen Zielen ab. Sparen mit Aktienfonds ist insbesondere dann interessant, wenn damit langfristig ein Vermögen aufgebaut werden soll, wenn Anspruch auf Arbeitnehmersparzulage besteht und wenn der Sparer das Auf und Ab am Aktienmarkt gut verkraften kann. Beim Banksparplan ist das Anlagerisiko zwar gering, doch gibt er hierfür keine staatliche Förderung. Deshalb empfiehlt sich diese Anlageform, wenn das Einkommen über der Zulagengrenze liegt und das Geld für spätere Anschaffungen angespart werden soll. Das Bausparen ist für Sparer geeignet, die ein Eigenheim bauen oder Wohnungseigentum erwerben wollen. Der Abschluss einer staatlich nicht geförderten Kapitallebensversicherung ist nicht zu empfehlen, weil diese Anlageform nur wenig transparent und häufig mit hohen internen Vertriebs- und Verwaltungskosten verbunden ist.

So funktioniert der Vermögensaufbau: Wenn Sie sich entschieden haben, in welcher Anlageform Sie sparen wollen, schließen Sie einen Vertrag bei der Bank, Bausparkasse, etc. ab. Die Durchschrift des VL-Sparplans reichen Sie dann bei Ihrem Arbeitgeber ein. Der überweist die monatliche Sparrate zukünftig direkt in den Vertrag. Der Vertrag läuft insgesamt sieben Jahre. Sechs Jahre zahlen Sie Beiträge, ein Jahr ruht der Vertrag. Dies ist so eine Art Sperrfrist. Nach den sieben Jahren können Sie über das Geld verfügen.

STAATLICHE FÖRDERUNG DURCH ARBEITNEHMERSPARZULAGE

Wer sich für einen Bausparvertrag, Aktienfonds oder die Tilgung eines Baukredits als Anlageform entscheidet, erhält staatliche Förderung in Form der Arbeitnehmersparzulage. Voraussetzung ist allerdings, dass eine bestimmte Einkommensgrenze unterschritten wird.

Anspruch auf Arbeitnehmersparzulage haben nur Arbeitnehmer, deren Einkommen die Grenze von 17.900 Euro für Ledige und 35.800 Euro für Verheiratete nicht übersteigt. Diese Werte gelten für die Anlage in Bausparverträgen und Darlehenstilgung. Beim Aktienfondssparen liegt die Grenze bei 20.000 oder 40.000 Euro. Maßgebend ist allerdings das zu versteuernde Einkommen. Steuerliche Abzüge wie Werbungskosten, Sonderausgaben oder Kinderfreibeträge werden also vom Bruttoeinkommen abgezogen.

Tipp
Auch wenn Ihnen Ihr Arbeitgeber keinen Zuschuss gewährt, können Sie durch Eigenleistungen die volle staatliche Sparzulage kassieren. Die Arbeitnehmersparzulage wird auch dann gewährt, wenn die Beiträge voll oder teilweise vom Arbeitnehmer gezahlt werden. Der Arbeitgeber behält diesen Betrag vom Gehalt ein und leitet ihn weiter.

Die Höhe der staatlichen Förderung hängt von der Anlageform ab:

- Beim Beteiligungssparen (z. B. Sparverträge über Wertpapiere und Aktienfondssparpläne) beträgt die Arbeitnehmersparzulage 20 Prozent. Die Obergrenze für die jährlichen Sparraten liegt bei 400 Euro.

> **Tipp**
> Beide Förderwege – Beteiligungssparen und Bausparen – können kombiniert werden. In diesem Fall kann man sich bis zu 870 Euro jährliche Sparleistung von Vater Staat fördern lassen.

- Bei einer Anlage der vermögenswirksamen Leistungen zum Wohnungsbau (z. B. Bausparverträge) beträgt die Arbeitnehmersparzulage neun Prozent auf die maximal geförderte Einzahlung von 470 Euro im Jahr. Zu beachten ist, dass das Sparen im Rahmen von Bausparverträgen vom Staat auch über die Wohnungsbauprämie gefördert wird (vgl. dazu Seite 120). Die Arbeitnehmersparzulage und die Wohnungsbauprämie werden allerdings nicht auf die gleiche Einzahlung gewährt.

ANTRAG

Festsetzung durch Finanzamt

Das zuständige Finanzamt setzt die Arbeitnehmersparzulage auf Antrag des Arbeitnehmers fest. Grundsätzlich händigt das Anlageinstitut nach Ablauf des Jahres dem Sparer eine Anlage VL aus. Diese muss ausgefüllt und der Einkommensteuererklärung beigefügt werden. Wurde die Steuererklärung bereits vor Erhalt der Anlage VL abgegeben, kann die Festsetzung einer Arbeitnehmersparzulage bis zu zwei Jahre nach dem Jahr, für das die Anlage VL ausgestellt worden ist, beantragt werden.

WEITERE FINANZIELLE HILFEN FÜR FAMILIEN

12

Mit Kinderzulagen für Riester-Verträge fördert der Staat das Sparen fürs Alter. Unterhaltsvorschuss für Alleinerziehende soll finanzielle Notlagen überbrücken, wenn Unterhaltszahlungen ausbleiben. Einige Bundesländer zahlen Landeserziehungsgeld. Mit der Berufsausbildungsbeihilfe werden Auszubildende unterstützt. Zudem gibt es für Familien eine Wohnungsbauprämie als zusätzliche Finanzspritze für den Bau oder Kauf einer Immobilie.

KINDERZULAGE IM RIESTER-VERTRAG

> **Tipp**
> Weitere Informationen bieten die Ratgeber „Die Riester-Rente" und „Altersvorsorge richtig planen" der Verbraucherzentralen (www.vz-ratgeber.de).

Die Riester-Rente ist eine Variante zur privaten Altersvorsorge, mit der Arbeitnehmer persönliche Versorgungslücken bei der gesetzlichen Rente schließen können. Finanzielle Zuschüsse und besondere Steuerersparnisse machen den Abschluss attraktiv. Besonders lohnend ist das Riester-Sparen für Familien mit Kindern, die ein mittleres oder unterdurchschnittliches Einkommen haben, weil ihnen im Verhältnis zur Sparrate eine hohe Förderung durch den Staat zukommt.

FÖRDERBERECHTIGTE PERSONEN

Zu den förderberechtigten Personen gehören u.a.

- rentenversicherungspflichtige Arbeitnehmer (bei der Deutschen Rentenversicherung),
- Beamte,
- versicherungspflichtige Selbstständige und
- Bezieher von Arbeitslosen- oder Krankengeld.

Auch geringfügig Beschäftigte („450 Euro-Job") können riestern, wenn sie auf die Sozialversicherungsfreiheit verzichten und Rentenversicherungsbeiträge entrichten.

> **Tipp**
> Wenn bei verheirateten Paaren nur einer der Partner zum förderfähigen Personenkreis gehört, so hat immer auch der Ehegatte Anspruch auf staatliche Förderung; er erhält also sowohl die Grundzulage als auch eventuelle Kinderzulagen (vgl. unten). Er muss dazu weder erwerbstätig noch in der gesetzlichen Rentenversicherung pflichtversichert sein. Er muss aber einen eigenen Vorsorgevertrag abschließen und seit 2012 einen Sockelbetrag von 60 Euro pro Jahr erbringen.

STAATLICHE FÖRDERUNG

Staatlich gefördert wird die private zusätzliche Altersvorsorge durch finanzielle Zuschüsse (Riester-Zulagen) und besondere Steuerersparnisse (zusätzlicher Sonderausgabenabzug).

Jeder geförderte Riester-Sparer erhält

- eine Grundzulage von 154 Euro pro Jahr und
- eine Kinderzulage in Höhe von 185 Euro pro Jahr, bei ab 2008 geborenen Kindern 300 Euro pro Jahr.

Voraussetzung für die Kinderzulage ist, dass für das betreffende Kind Kindergeld (vgl. Seite 27 ff.) gezahlt wird. Zulageberechtigt ist zunächst der Elternteil, dem das Kindergeld zufließt. Bei zusammenlebenden Ehepaaren wird die Kinderzulage normalerweise der Mutter gutgeschrieben, es sei denn, dass beide Ehepartner zusammen beantragt haben, die Kinderzulage auf den Vertrag des Vaters einzuzahlen. Bei Alleinerziehenden oder Nichtverheirateten erhält derjenige die Kinderzulage, dem das Kindergeld für das Kind ausgezahlt wird.

Bei geringerem Einkommen und hohem Zulageanspruch ist es möglich, dass bereits allein die Zulagen vier Prozent des sozialversicherungspflichtigen Einkommens erreichen oder übersteigen. Mit Hilfe der staatlichen Zulagen kann jedoch der Eigenanteil nicht beliebig nach unten gedrückt werden. Um die volle Zulage zu erhalten, muss deshalb ein Sockelbetrag von 60 Euro pro Jahr als Mindesteigenbeitrag geleistet werden.

Vorsicht

Wenn nur der Vater einen direkten Anspruch auf die Riester-Förderung hat, sollte gleichzeitig auch ein eigener Vorsorgevertrag auf den Namen der Ehefrau abgeschlossen werden. Denn sonst entgeht dieser nicht nur die Grundzulage. Sofern kein gemeinsamer Antrag auf Zahlung an den Vater gestellt würde, entfiele auch die Kinderzulage.

Tipp

Die volle Zulage gibt es nur, wenn die gesamten jährlichen Sparleistungen auf den Riester-Vertrag vier Prozent des Vorjahres-Bruttoeinkommens betragen. Wird weniger eingezahlt, dann kürzt der Staat die Zulagen im entsprechenden Verhältnis.

Neben der Zulagenförderung gibt es die Möglichkeit eines zusätzlichen Sonderausgabenabzugs. So können im Rahmen der Einkommensteuererklärung bis zu 2.100 Euro jährlich als zusätzliche Altersvorsorgeaufwendungen steuermindernd geltend gemacht werden. Dabei prüft das Finanzamt automatisch, ob und gegebenenfalls wie viel die Steuerersparnis höher ist als die Zulagenförderung. Wenn ja, zahlt das Finanzamt dem Antragsteller die Differenz als Steuerrückerstattung aus.

Tipp

Wie sich die Förderung optimal gestalten lässt, kann überblicksartig mit Hilfe von Rechenprogrammen im Internet ermittelt werden (z. B. www.dia-vorsorge.de). Die Verbraucherzentralen bieten persönliche Altersvorsorgeberatung, um die richtige Strategie fürs Sparen für einen auskömmlichen Lebensabend zu finden.

FÖRDERFÄHIGE SPARFORMEN

Nicht jede Anlageform wird mit der Riester-Zulage gefördert. Nur eine kleine Auswahl von Anlageprodukten kommt in Frage: das Bank-, Fonds-, Versicherungs- und Bausparen.

Banksparplan

Bei Banksparplänen handelt es sich um langfristige Ratensparverträge, die mit einer variablen Verzinsung ausgestattet sind und am Ende der Sparphase in einen Auszahlplan oder eine Rentenversicherung umgewandelt werden. Banksparpläne eignen sich vor allem für Anleger mit hohem Sicherheitsbedürfnis. Es besteht ein sehr geringes Risiko; die Erträge wachsen aber nur langsam.

Fondssparplan

Beim Fondssparplan legt der Anbieter das Kapital in Investmentfonds (Aktienfonds, Rentenfonds oder Fonds mit einer Mischung aus Aktien und Rentenpapieren) an. Eine Mindestrendite wird nicht garantiert, der Erhalt des Kapitals/der Eigenbeiträge und Zulagen dagegen schon. Der Fondssparplan ist eher für jüngere, risikofreudigere Anleger geeignet; hier besteht unter Umständen ausreichend Zeit, etwaige Kursschwankungen wieder auszugleichen.

Versicherungssparen

Das Versicherungssparen entspricht im Wesentlichen dem Prinzip der privaten Rentenversicherung. Die Einzahlungen werden im Regelfall mit einer garantierten Mindestverzinsung angelegt. Darüber hinaus werden Überschüsse konservativ angelegt.

Bausparen

Beim Riester-Bausparen werden Bausparverträge gefördert. Allerdings muss das Guthaben für die Finanzierung von selbst genutztem Wohneigentum verwendet werden. Auch die direkte Tilgung eines Baukredits für das Eigenheim ist mit der Riester-Förderung möglich.

ANTRAG

Um die staatliche Förderung zu erhalten, muss sowohl ein förderfähiger Altersvorsorgevertrag abgeschlossen als auch ein Antrag auf staatliche Förderung gestellt werden. Allerdings ist nicht jedes Jahr ein neuer Zulagenantrag erforderlich, sondern die staatliche Förderung erfolgt automatisch, wenn beim Riester-Anbieter ein Dauerzulagenantrag eingerichtet wird.

UNTERHALTSVORSCHUSS FÜR ALLEINERZIEHENDE

Für Alleinerziehende ist es oftmals schwierig, die Anforderungen durch Arbeit, Kind und Haushalt unter einen Hut zu bringen. Verschärft wird diese Situation dann, wenn sie keine oder nicht mindestens Unterhaltszahlungen in Höhe des gesetzlichen Mindestunterhalts erhalten. In diesem Fall hilft der Unterhaltsvorschuss: Der ausfallende Unterhalt wird dadurch zumindest zum Teil ausgeglichen, ohne allerdings den unterhaltsverpflichteten Elternteil aus seiner Verantwortung zu entlassen. Einzelheiten enthält das Unterhaltsvorschussgesetz.

Der Unterhaltsvorschuss ist zeitlich auf 72 Monate begrenzt. Er soll eine besonders schwierige Lebens- und Erziehungssituation überbrücken. Keinesfalls jedoch soll durch den staatlichen Vorschuss der unterhaltspflichtige Elternteil finanziell entlastet werden. Deshalb gehen etwaige Unterhaltsansprüche des Kindes gegen den anderen Elternteil in Höhe des Unterhaltsvorschusses auf den Staat über. Der macht diese gegebenenfalls gerichtlich geltend und vollstreckt sie auch. Bestehende

Tipp

Lassen Sie sich rechtzeitig über den Unterhaltsvorschuss beraten. Der richtige Ansprechpartner ist das zuständige Jugendamt. Eine Broschüre zum Unterhaltsvorschuss können Sie auf der Internetseite des Bundesfamilienministeriums (www.bmfsfj.de) herunterladen oder beim Bundesministerium für Familie, Senioren, Frauen und Jugend, 10018 Berlin, bestellen.

Unterhaltsansprüche werden damit auch im Interesse von Alleinerziehenden durch den Staat geklärt.

Beistandschaft des Jugendamts

Selbstverständlich können auch weitergehende Unterhaltsansprüche des Kindes gegen den unterhaltspflichtigen Elternteil geltend gemacht werden. Dabei kann auch die Beistandschaft des Jugendamts beantragt werden, wenn das alleinige Sorgerecht für das Kind zusteht oder sich das Kind in der Obhut der Alleinerziehenden befindet. Dann übernimmt es die Behörde für das Kind, Unterhaltsansprüche geltend zu machen und durchzusetzen.

BERECHTIGTE

Unterhaltsvorschuss erhält ein Kind, wenn es

- das zwölfte Lebensjahr noch nicht vollendet hat,
- in Deutschland einen Wohnsitz oder seinen gewöhnlichen Aufenthalt hat,
- in Deutschland bei einem allein erziehenden Elternteil lebt und
- von dem anderen Elternteil nicht oder nicht regelmäßig Unterhalt in Höhe des gesetzlichen Mindestunterhalts erhält.

Zusammenleben in einem Haushalt

Das Kind und der allein erziehende Elternteil müssen in einem Haushalt zusammenleben. Das muss allerdings nicht der eigene Haushalt des Alleinerziehenden sein; der allein erziehende Elternteil und das Kind können z. B. auch im Haushalt der Großeltern zusammenleben. Allein erziehend ist ein Elternteil, wenn er ledig, verwitwet oder geschieden ist oder von seinem Ehegatten oder Lebenspartner dauernd getrennt lebt. Das ist der Fall, wenn zwischen dem allein erziehenden und dem anderen Ehegatten oder Lebenspartner keine häusliche Gemeinschaft besteht und ein Ehegatte diese erkennbar auch nicht herstellen will, weil er die eheliche Lebensgemeinschaft ablehnt. Getrennt leben ist auch innerhalb einer Wohnung möglich; in diesem Fall muss aber mindestens eine getrennte Haushaltsführung vorliegen.

Ein Elternteil ist auch dann nicht allein erziehend, wenn er wieder mit einem neuen Partner verheiratet ist. Eine Stiefmutter oder ein Stiefvater schließt Unterhaltsvorschuss aus, auch wenn das Kind keinen Unterhaltsanspruch gegen sie oder ihn hat.

Auch Ausländer haben unter bestimmten Voraussetzungen Anspruch auf Unterhaltsvorschussleistung. Die Voraussetzungen entsprechen denen für das Elterngeld (vgl. dazu Seite 45 ff.).

HÖHE

Die Höhe des Unterhaltsvorschusses richtet sich nach der Regelbetrag-Verordnung, die nach Altersgruppen Regelbeträge für Unterhaltszahlungen festlegt. Von diesem für die jeweilige Altersgruppe gültigen Betrag wird das volle Kind für ein erstes Kind abgezogen. Damit ergeben sich zurzeit folgende Unterhaltsvorschussbeträge:

- für Kinder bis unter sechs Jahren 133 Euro monatlich,
- für ältere Kinder bis unter zwölf Jahren 180 Euro monatlich.

Vorsicht

Der Anspruch auf die Unterhaltsvorschussleistung ist ausgeschlossen, wenn keine Auskünfte über den zahlungspflichtigen Elternteil gegeben werden oder die Mitwirkung zur Feststellung der Vaterschaft oder des Aufenthalts des anderen Elternteils verweigert wird. Ferner besteht kein Anspruch auf Unterhaltsleistung für die Monate, in denen der andere Elternteil seine Unterhaltspflicht durch Vorausleistung erfüllt hat.

Von diesen Unterhaltsvorschussbeträgen werden Unterhaltszahlungen des anderen Elternteils oder die Waisenbezüge, die das Kind nach dessen Tod oder nach dem Tod eines Stiefelternteils erhält, abgezogen. Nicht abgezogen werden dagegen die sonstigen Einkünfte des Kindes und das Einkommen des allein erziehenden Elternteils.

Tipp

Der Unterhaltsvorschuss soll den Lebensunterhalt des Kindes decken. Diese Leistung schließt den Anspruch des Kindes auf Sozialgeld (vgl. Seite 102) und Sozialhilfe nicht aus. Sie wird aber als vorrangige Sozialleistung auf die Leistungen zur Sicherung des Lebensunterhalts angerechnet. Soweit der notwendige Lebensunterhalt durch den Unterhaltsvorschuss nicht vollständig gedeckt wird, kann Sozialgeld oder Sozialhilfe beantragt werden.

Der Unterhaltsvorschuss wird monatlich im Voraus gezahlt. Besteht der Unterhaltsanspruch des Kindes nicht für den ganzen Monat, so wird die Unterhaltsvorschussleistung anteilig berechnet.

BEZUGSDAUER

Die Unterhaltsleistung wird längstens für insgesamt 72 Monate, also sechs Jahre, gezahlt. Weil es sich bei Unterhaltsleistungen um vorrangige Leistungen handelt, kann nicht zulasten von Ansprüchen auf Sozialhilfe oder Sozialgeld davon abgesehen werden, diese geltend zu machen. Die Zahlung endet spätestens, wenn das Kind zwölf Jahre alt wird. Das gilt auch dann, wenn die Unterhaltsleistung noch nicht volle 72 Monate gezahlt worden ist.

Tipp

Sie sollten möglichst regelmäßig Kontakt mit dem Jugendamt halten, um zu erfahren, ob Leistungen vom Unterhaltspflichtigen erbracht werden. In diesem Fall sollten Sie dann veranlassen, dass der Unterhaltspflichtige direkt an das Kind zahlt. Dann kann die Unterhaltsvorschussleistung für diesen Zeitraum entfallen.

ANTRAG UND VERFAHREN

Der Unterhaltsvorschuss ist schriftlich zu beantragen. Ein mündlicher Antrag (z. B. ein Telefonanruf) genügt nicht. Der Antrag muss beim zuständigen Jugendamt gestellt werden; das ist das Jugendamt, in dessen Bezirk das Kind lebt. Das Antragsformular ist auch bei der Kreis- oder Gemeindeverwaltung erhältlich.

Rückwirkende Zahlung

Der Unterhaltsvorschuss kann rückwirkend auch für den Monat vor dem Eingang des Antrags bei der Behörde gezahlt werden. Allerdings müssen die gesetzlichen Voraussetzungen bereits zu dieser Zeit erfüllt gewesen sein. Außerdem müssen zumutbare Bemühungen nachgewiesen werden (insbesondere durch Mahnung), den unterhaltspflichtigen Elternteil zu Unterhaltszahlungen zu veranlassen.

In einem schriftlichen Bescheid teilt die Behörde mit, ob dem Antrag entsprochen wird oder nicht. Einem positiven Antrag kann insbesondere entnommen werden, in welcher Höhe und für welchen Zeitraum Unterhaltsvorschuss gezahlt wird.

Wird dem Antrag nicht oder nicht voll entsprochen, kann gegen diese Entscheidung Widerspruch eingelegt werden. Dieser muss innerhalb eines Monats nach Bekanntgabe der Entscheidung beim Jugendamt eingegangen sein. Der Widerspruch kann schriftlich eingelegt oder bei der Behörde persönlich zur Niederschrift erklärt werden. Wird dem Widerspruch nicht abgeholfen, bleibt nur noch der Rechtsweg mit einer Klage vor dem Verwaltungsgericht.

Widerspruch und Klage

MITTEILUNGSPFLICHTEN

Die Behörde überprüft in bestimmten Abständen, ob die Voraussetzungen für den Anspruch auf Unterhaltsvorschuss noch vorliegen. Dazu werden Alleinerziehende aufgefordert, entsprechende Fragen (z. B. ob man mit dem anderen Elternteil des Kindes zusammenlebt oder ob das Kind noch im eigenen Haushalt lebt) zu beantworten und Unterlagen vorzulegen. Unabhängig davon gilt die Pflicht, der Behörde unverzüglich alle Änderungen der Umstände mitzuteilen, die für den Anspruch auf Unterhaltsvorschuss relevant sind. Das Jugendamt muss insbesondere sofort benachrichtigt werden, wenn

Benachrichtigung des Jugendamts

- das Kind nicht mehr beim Antragsteller lebt,
- der Antragsteller mit dem anderen Elternteil zusammenzieht,
- der unterhaltspflichtige Elternteil regelmäßig Unterhalt für das Kind zahlt oder zahlen will,
- der unterhaltspflichtige Elternteil gestorben ist,
- der Antragsteller heiratet (auch wenn der Ehepartner nicht der unterhaltspflichtige Elternteil ist).

Wird der Anzeigepflicht nicht nachgekommen, ist damit zu rechnen, dass die zu viel gezahlte Unterhaltsvorschussleistung erstattet werden muss. Ferner kann die Behörde die Verletzung der Anzeigepflicht mit einem Bußgeld ahnden.

HILFE AUS DER BUNDESSTIFTUNG MUTTER UND KIND

Hilfen der Bundesstiftung Mutter und Kind können schwangere Frauen erhalten, wenn sie

- ihren Wohnsitz oder gewöhnlichen Aufenthalt in Deutschland haben,
- ein Schwangerschaftsattest (z. B. Mutterpass) besitzen und
- bei ihnen eine Notlage besteht.

Ergänzende Zuschüsse

Die Bundesstiftung hilft schwangeren Frauen in Notlagen mit ergänzenden Zuschüssen, um ihnen die Fortsetzung der Schwangerschaft und die Betreuung des Kleinkindes zu erleichtern. Zuschüsse der Bundesstiftung sind aber nur möglich, wenn andere Sozialleistungen, einschließlich der Sozialhilfe, nicht ausreichen oder nicht rechtzeitig eintreffen.

Keine Anrechnung auf Sozialleistungen

Die Zuschüsse sind möglich für alle Aufwendungen, die im Zusammenhang mit der Schwangerschaft und der Geburt sowie der Pflege und Erziehung eines Kleinkindes entstehen (z. B. Aufwendungen für die Schwangerschaftskleidung, Babyerstausstattung, Wohnung und Einrichtung sowie für die Betreuung des Kleinkindes). Die Zuschüsse werden in der Regel nicht als Einkommen auf das Arbeitslosengeld II, die Sozialhilfe und andere Sozialleistungen angerechnet. Die Höhe und Dauer der Hilfe richten sich nach den persönlichen Umständen, aber auch nach der Gesamtzahl der Antragstellerinnen in Notlagen. Die Bundesstiftung begründet keine Rechtsansprüche.

Der Antrag auf finanzielle Unterstützung ist bei den Schwangerschaftsberatungsstellen, z. B. der Arbeiterwohlfahrt, der Caritas, dem Deutschen Paritätischen Wohlfahrtsverband, dem Deutschen Roten Kreuz, dem Diakonischen Werk oder bei den Schwangerschaftsberatungsstellen der Städte und Landkreise zu stellen (nicht bei der Bundesstiftung). Im Internetauftritt der Verbände sind Telefonnummern und Adressen der örtlichen Beratungsstellen zu finden.

Tipp
Sie sollten sich rechtzeitig um einen Beratungstermin kümmern, da die Mittel vor der Geburt beantragt werden müssen. Antragsformulare erhalten Sie bei den Beratungsstellen. Weitergehende Informationen über die Bundesstiftung finden Sie unter www.bundesstiftung-mutter-und-kind.de.

LANDESERZIEHUNGSGELD IN EINIGEN BUNDESLÄNDERN

In den Bundesländern Bayern, Sachsen und Thüringen können Eltern im Anschluss an den Bezug von Elterngeld (vgl. dazu Seite 45 ff.) Landeserziehungsgeld erhalten. Voraussetzung ist, dass der Berechtigte seinen gewöhnlichen Aufenthalt seit der Geburt des Kindes in dem betreffenden Bundesland hat. Im Übrigen wird Landeserziehungsgeld in den Ländern in unterschiedlicher Höhe unter je eigenen Voraussetzungen gewährt.

LANDESERZIEHUNGSGELD IN BAYERN

Anspruch auf Landeserziehungsgeld besteht, wenn der Berechtigte seinen Hauptwohnsitz oder gewöhnlichen Aufenthalt seit mindestens zwölf Monaten in Bayern hat. Außerdem muss das im Haushalt des Berechtigten lebende Kind an den Früherkennungsuntersuchungen teilgenommen haben und der Berechtigte keiner oder keiner vollen Erwerbstätigkeit (maximal 30 Wochenstunden im Durchschnitt des Monats)

Tipp
Weitere Informationen zum Erziehungsgeld in Bayern enthält die Broschüre „Bayerisches Landeserziehungsgeld", die im Internet unter www.zbfs.bayern.de. heruntergeladen werden kann.

nachgehen. Landeserziehungsgeld wird im Anschluss an das Elterngeld, frühestens ab dem 13. Lebensmonat und längstens bis zum 36. Lebensmonat des Kindes gezahlt. Es beträgt beim ersten Kind 150 Euro für sechs Monate, beim zweiten Kind 200 Euro für zwölf Monate und beim dritten und bei weiteren Kindern 300 Euro für zwölf Monate und ist einkommensabhängig. Die Einkommensgrenze für das Landeserziehungsgeld liegt pro Jahr bei 22.000 Euro für Alleinerziehende und 25.000 Euro für Paare.

LANDESERZIEHUNGSGELD IN SACHSEN

Das Landeserziehungsgeld wird im Anschluss an den Bezug des Elterngelds im zweiten oder dritten Lebensjahr des Kindes gewährt. Der Berechtigte darf für das Kind keinen mit staatlichen Mitteln geförderten Platz in einer Kindertageseinrichtung in Anspruch nehmen und nicht mehr als 30 Wochenstunden arbeiten.

Tipp
Weitere Informationen zum Erziehungsgeld in Thüringen sind im Internet unter www.familie.sachsen.de zu finden.

Wird das Landeserziehungsgeld im zweiten Lebensjahr des Kindes (direkt im Anschluss an das Elterngeld) in Anspruch genommen, beträgt die Höchstbezugsdauer beim ersten Kind fünf, beim zweiten Kind sechs und ab dem dritten Kind sieben Monate. Bei Inanspruchnahme im dritten Lebensjahr beträgt die Höchstdauer neun Monate beim ersten und zweiten Kind und zwölf Monate ab dem dritten Kind, wenn nach dem vollendeten 14. Lebensjahr kein Platz in einer staatlich geförderten Kindertagesstätte in Anspruch genommen wurde; andernfalls sind es fünf Monate beim ersten, sechs Monate beim zweiten und sieben Monate ab dem dritten Kind.

Landeserziehungsgeld wird in Höhe von 150 Euro für das erste, 200 Euro für das zweite und 300 Euro ab dem dritten Kind gezahlt. Die Einkommensgrenzen liegen für Alleinerziehende bei 14.100 Euro und 17.100 Euro bei Paaren.

c) Landeserziehungsgeld in Thüringen

Erziehungsgeld wird unabhängig vom Einkommen und der wöchentlichen Arbeitszeit ab dem 13. Lebensmonat des Kindes, jedoch nicht vor dem Ende des Bezugs von Elterngeld gezahlt. Es beträgt monatlich 150 Euro. Sind ältere kindergeldberechtigte Kinder vorhanden, erhöht sich der Betrag für jedes ältere Geschwisterkind um jeweils 50 bis höchstens 300 Euro monatlich. Wird das Kind in einer Kindertageseinrichtung oder von einer Kindertagespflegeperson betreut, aber nicht mehr als fünf Stunden täglich, verringert sich der zustehende Monatsbetrag um 75 Euro. Bei einer Betreuung von mehr als fünf Stunden täglich besteht ein Anspruch auf Erziehungsgeld in Höhe von 50 Euro für jedes ältere kindergeldberechtigte Geschwisterkind. Das Erziehungsgeld wird für die Dauer von höchstens zwölf Lebensmonaten gewährt.

Tipp
Weitere Informationen zum Erziehungsgeld in Thüringen gibt es unter www.thueringen.de.

BILDUNGSKREDIT FÜR AUSBILDUNG UND STUDIUM

Mit dem Bildungskredit, der von der staatlichen KfW-Förderbank vergeben wird, will der Staat Schülern und Studierenden unter die Arme greifen, die entweder kein BAföG bekommen oder im Rahmen ihres Studiums besondere Ausgaben haben, die davon nicht gedeckt werden. Der Kredit kann also auch neben BAföG-Leistungen zur Finanzierung von außergewöhnlichem, nicht durch BAföG erfasstem Aufwand bewilligt werden. Die Bewilligung ist im Gegensatz zu den BAföG-Leistungen unabhängig vom eigenen Einkommen sowie vom Einkommen der Eltern und des Ehegatten.

Tipp
Lassen Sie sich rechtzeitig über den Bildungskredit beraten. Eine Broschüre gibt es unter www.bildungskredit zum Herunterladen. Auskünfte erteilt auch die Bildungskredit-Hotline (0 22 89) 93 58 44 92.

130 WEITERE FINANZIELLE HILFEN FÜR FAMILIEN

BERECHTIGTE

Deutsche und Ausländer

Der Bildungskredit wird Deutschen gewährt. Daneben können aber auch Ausländer den Bildungskredit erhalten, z. B. Unionsbürger oder die ihnen gleichgestellten Staatsangehörigen von EWR-Staaten (Norwegen, Island, Liechtenstein), die ein Daueraufenthaltsrecht besitzen sowie andere Ausländer, die eine Niederlassungserlaubnis oder eine Erlaubnis zum Daueraufenthalt/EG nach dem Aufenthaltsgesetz haben.

FÖRDERVORAUSSETZUNGEN

Gefördert werden

- Studierende, die die Zwischenprüfung bestanden haben oder die eine Erklärung ihrer Ausbildungsstätte vorlegen, dass eine Zwischenprüfung nicht vorgesehen ist und die üblichen Leistungen erbracht wurden,
- Studierende, die den ersten Teil eines Konsekutiv-Studiengangs abgeschlossen haben, ein postgraduales Diplomstudium oder ein Master- bzw. Magisterstudium betreiben,
- Studierende eines Zusatz-, Ergänzungs- oder Aufbaustudiums,
- volljährige Schüler in den beiden letzten Jahren ihrer Ausbildung, wenn sie bereits über einen berufsqualifizierenden Abschluss verfügen oder diesen mit dem erfolgreichen Abschluss ihrer gegenwärtigen schulischen Ausbildung erlangen werden,
- Teilnehmer und Teilnehmerinnen eines in- oder ausländischen Praktikums, das im Zusammenhang mit dem Studium durchgeführt wird.

Ausländische Auszubildende

Ausländische Auszubildende können den Kredit erhalten, wenn sie ihren ständigen Wohnsitz im Inland haben und z. B. ein Elternteil oder ein Ehegatte Deutscher ist oder der Auszubildende Asylberechtigter, aufgenommener Flüchtling oder Heimatloser ist. In weitem Umfang sind auch Auszubildende aus EU-Mitgliedstaaten mit inländischem Wohnsitz in den Förderbereich mit einbezogen.

Mit dem Bildungskreditprogramm werden nur Ausbildungen an Ausbildungsstätten gefördert, die im Rahmen des Bundesausbildungsförderungsgesetzes anerkannt sind. Der Auszubildende darf das 36. Lebensjahr noch nicht vollendet haben. Studierende können den Kredit in der Regel nur bis zum Ende des zwölften Studiensemesters erhalten.

FÖRDERUNG

Der Bildungskredit wird in monatlichen Raten von 100, 200 oder 300 Euro ausgezahlt. Innerhalb eines Ausbildungsabschnitts können bis zu 24 Monatsraten bewilligt werden. Sofern im Einzelfall glaubhaft gemacht wird, dass ein bestimmter Betrag unmittelbar für die Finanzierung eines außergewöhnlichen Aufwands benötigt wird, kann neben dem monatlich auszuzahlenden Kredit bis zur Höhe von 3.600 Euro ein Teil des Kredits als Abschlag im Voraus ausgezahlt werden. Dies aber nur soweit, dass die Grenze von insgesamt 24 Monatsraten und 7.200 Euro nicht überschritten wird.

Monatliche Raten

Der Kredit ist von der Auszahlung an zu verzinsen. Bis zum Beginn der Rückzahlung werden die Zinsen jedoch gestundet. Als Zinssatz erhebt die Kreditanstalt für Wiederaufbau die European Interbank Offered Rate (EURIBOR) mit einer Laufzeit von sechs Monaten zuzüglich eines Aufschlags von einem Prozent. Bis zum Beginn der Rückzahlung werden die Zinsen ohne gesonderten Antrag gestundet.

Zinsen

ANTRAG UND VERFAHREN

Der Bildungskredit muss schriftlich beim Bundesverwaltungsamt, Abteilung IV Bildungskredit, 50728 Köln, oder im Internet unter www.bildungskredit.de beantragt werden. Sind die

Fördervoraussetzungen erfüllt, erteilt die Behörde einen Bewilligungsbescheid, der die Auszubildenden berechtigt, einen Kreditvertrag mit der KfW abzuschließen.

BERUFSAUSBILDUNGSBEIHILFE

> **Tipp**
> Einzelheiten zur Berufsausbildungsbeihilfe, insbesondere zu den Fördervoraussetzungen und zur Höhe der Förderung, finden Sie unter www.arbeitsagentur.de.

Berufsausbildungsbeihilfe von der Agentur für Arbeit können Auszubildende bekommen, wenn die berufliche Ausbildung oder die berufsvorbereitende Bildungsmaßnahme förderfähig ist. Darüber hinaus müssen sie zum förderfähigen Personenkreis gehören und die sonstigen persönlichen Fördervoraussetzungen erfüllen. Außerdem dürfen ihnen die erforderlichen Mittel zur Deckung des Lebensunterhalts, der Fahrtkosten, der sonstigen Aufwendungen sowie der Lehrgangskosten nicht anderweitig zur Verfügung stehen.

BERECHTIGTE

Auszubildende erhalten Berufsausbildungsbeihilfe, wenn sie während der Ausbildung nicht bei den Eltern wohnen können, weil der Ausbildungsbetrieb zu weit vom Elternhaus entfernt ist. Wer über 18 oder verheiratet ist oder mindestens ein Kind hat, kann Berufsausbildungsbeihilfe auch dann erhalten, wenn er in erreichbarer Nähe zum Elternhaus wohnt.

Gefördert werden deutsche Staatsangehörige. Aber auch Ausländer können unter bestimmten Voraussetzungen Leistungen erhalten.

FÖRDERFÄHIGE BERUFSAUSBILDUNG

Förderfähig sind eine betriebliche oder außerbetriebliche Ausbildung in einem anerkannten Ausbildungsberuf. Für die Ausbildung muss ein Ausbildungsvertrag abgeschlossen worden sein. Schulische Ausbildungen sowie berufliche Ausbildungen in Verbindung mit einem Studium sind nicht förderfähig. Unter bestimmten Bedingungen ist die Förderung von Bildungsmaßnahmen zum nachträglichen Erwerb eines Hauptschulabschlusses möglich. Berufsausbildungsbeihilfe wird grundsätzlich nur für die erste Berufsausbildung geleistet. Nur in wenigen Fällen können Leistungen auch für eine zweite Ausbildung in Betracht kommen. Daneben können auch berufsvorbereitende Maßnahmen unter bestimmten Voraussetzungen von der Arbeitsagentur gefördert werden.

Betriebliche oder außerbetriebliche Ausbildung

HÖHE

Die Höhe der Berufsausbildungsbeihilfe hängt ab

- vom Gesamtbedarf für die Ausbildung oder die berufsvorbereitende Bildungsmaßnahme und
- dem anzurechnenden Einkommen, wenn es sich um eine berufliche Ausbildung handelt.

Auch bei der Berufsausbildungsbeihilfe gelten die Bedarfssätze des BAföG. Außerdem werden Fahrtkosten und Pauschalen für Teilnahmegebühren an einem Fernunterricht berücksichtigt. Es werden das eigene Einkommen, das Einkommen der Eltern und das Einkommen des nicht dauernd getrennt lebenden Ehegatten angerechnet, soweit es die Freibeträge übersteigt. Die Regelungen sind mit den Anrechnungsvorschriften des BAföG weitgehend vergleichbar. Dazu ein Berechnungsbeispiel:

Tipp
Wer schnell und einfach prüfen will, ob und in welcher Höhe ihm eine Berufsausbildungsbeihilfe zusteht, kann den Rechner im Internet unter www.babrechner.arbeitsagentur.de nutzen.

Nina ist 17 Jahre alt und ledig. Sie hat eine Ausbildungsstelle, die vom Wohnsitz ihrer Eltern, wo sie bisher wohnte, fast 130 Kilometer entfernt ist. Im ersten Ausbildungsjahr verdient Nina 350 Euro. Sie hat ein Zimmer gemietet, das 230 Euro monatlich kostet. Die Eltern von Nina verdienen 2.000 Euro im Monat.

Die Bundesagentur für Arbeit legt für Nina monatlich 348 Euro als Grundbedarf zugrunde und veranschlagt eine pauschale Miete von 149 Euro.

Es wird ein Mietzuschuss gewährt, weil die nachweisbaren Mietkosten 149 Euro übersteigen (= 81 Euro), höchstens jedoch 75 Euro. Als Bedarf für Arbeitskleidung kommen 12 Euro, für Fahrtkosten zwischen Wohnung und der Ausbildungsstätte (Monatskarte 41 Euro) zum Ansatz. Ferner gibt es noch einen Bedarf für eine Familienheimfahrt im Monat von 14 Euro. Der Gesamtbedarf beträgt damit 639 Euro.

Diesem Gesamtbedarf wird das anzurechnende Einkommen von Nina und das ihrer Eltern gegenübergestellt.

Von Ninas Ausbildungsvergütung wird ein Freibetrag von 58 Euro abgezogen. Damit verbleibt ein anzurechnendes Einkommen von 292 Euro. Vom Einkommen der Eltern wird ein Freibetrag von 1.605 Euro sowie ein weiterer Freibetrag für die notwendige auswärtige Unterbringung von 657 Euro abgezogen. Weil die Freibeträge der Eltern höher als deren Einkommen sind, wird davon nichts angerechnet.

Damit erhält Nina neben ihrer Ausbildungsvergütung eine Berufsausbildungsbeihilfe von 347 Euro von der Agentur für Arbeit (639 Euro Bedarf − 292 Euro Anrechnungsbetrag).

DAUER DER LEISTUNGEN

Bewilligungszeiträume

Anspruch auf Berufsausbildungsbeihilfe besteht während der beruflichen Ausbildung oder der berufsvorbereitenden Bildungsmaßnahme. Über den Anspruch wird in der Regel nicht für die gesamte Dauer, sondern in Bewilligungszeiträumen entschieden; das sind bei beruflicher Ausbildung 18 Monate, im Übrigen ein Jahr.

ANTRAG

Berufsausbildungsbeihilfe muss bei der zuständigen Agentur für Arbeit beantragt werden.

Wichtig ist, den Antrag rechtzeitig, am besten vor Beginn der Ausbildung zu stellen. Wird die Berufsausbildungsbeihilfe erst nach Beginn der Ausbildung beantragt, wird sie rückwirkend längstens vom Beginn des Monats an geleistet, in dem die Leistungen beantragt worden sind.

WOHNUNGSBAUPRÄMIE BEIM BAUSPAREN

Die Wohnungsbauprämie ist eine staatliche Förderleistung, die insbesondere für das Bausparen gewährt wird. Die Prämie wird aber nur auf Sparleistungen gezahlt, die nicht bereits im Rahmen der vermögenswirksamen Leistungen gefördert worden sind (vgl. dazu Seite 113 ff.).

BERECHTIGTE

Anspruch auf Wohnungsbauprämie haben alle Personen ab 16 Jahren oder Vollwaisen unabhängig vom Alter, wenn sie in Deutschland unbeschränkt steuerpflichtig sind und die Einkommensgrenzen nicht überschreiten. Die Einkommensgrenze liegt bei 25.600 Euro für Ledige und 51.200 Euro für Ehepaare. Ausschlaggebender Faktor ist aber das zu versteuernde Einkommen, sodass dank verschiedener Freibeträge und Sonderausgaben auch bei einem deutlich höheren Bruttoeinkommen eine Förderung möglich ist.

Einkommensgrenze

STAATLICHE FÖRDERUNG

Die Wohnungsbauprämie beträgt 8,8 Prozent der Jahressparleistungen (das sind die laufenden Bausparbeiträge, Guthabenzinsen auf Bausparguthaben und zusätzlich gezahlte Abschlussgebühren), sofern diese im Kalenderjahr mindestens 50 Euro betragen. Im Kalenderjahr werden jedoch maximal Aufwendungen in Höhe von 512 Euro (Ledige) bzw. 1.024 Euro (Ehepaare) bezuschusst. Die jährliche Höchstprämie beträgt also 45,06 Euro bzw. 90,11 Euro.

WOHNWIRTSCHAFTLICHE VERWENDUNG

Grundsätzlich wird die Wohnungsbauprämie nur noch gezahlt, wenn das Geld dauerhaft für wohnwirtschaftliche Maß-

> **Tipp**
> Die unschädliche zweckfremde Verwendung von Bausparguthaben ist nach Ablauf von sieben Jahren möglich, wenn es sich um einen Bausparvertrag handelt, der vor dem 1. Januar 2009 abgeschlossen worden ist.

nahmen verwendet wird. Dazu zählt nicht nur die Neu- oder Anschlussfinanzierung der selbst genutzten oder vermieteten Wohnimmobilie. Auch die Investition in Renovierung und Modernisierung wie etwa der Austausch von Fenstern oder die Isolierung des Dachs fallen in diese Kategorie. Ebenfalls problemlos ist der Erwerb von dauerhaften Wohn- und Nutzungsrechten wie beispielsweise der Einkauf in ein Seniorenstift. Für junge Sparer entfällt die Zweckbindung für ihren ersten Bausparvertrag mit Prämienanspruch.

ANTRAG

Die Wohnungsbauprämie muss bei der Bausparkasse beantragt werden. Diese schickt jedes Jahr mit dem Kontoauszug auch einen Antrag auf Wohnungsbauprämie an die Bausparer, der von diesen ausgefüllt und unterschrieben werden muss. Mit der Unterschrift wird versichert, dass die Einkommensgrenzen eingehalten werden. Die Wohnungsbauprämie wird anschließend von der Bausparkasse berechnet und nach Ablauf einer Sperrfrist von sieben Jahren auf dem Bausparvertrag gutgeschrieben.

HILFE BEIM BAU EINES EIGENHEIMS

> **Tipp**
> Einzelheiten über die Voraussetzungen und Bedingungen der Förderung durch die Kreditanstalt für Wiederaufbau gibt es im Internet unter www.kfw.de.

Wer ein Eigenheim bauen und es selbst bewohnen will, kann unter Umständen die Förderung der Kreditanstalt für Wiederaufbau (KfW) nutzen. Je besser der energetische Standard des Hauses, desto mehr Förderung kann der Bauherr erwarten.

HILFE BEIM BAU ODER KAUF DES SELBST GENUTZTEN EIGENHEIMS

Die KfW bietet einen Kredit, mit dem Bauherren und Immobilienkäufer selbst genutztes Eigentum finanzieren können. Anspruch auf den Kredit haben alle Privatpersonen – unabhängig von Alter, Familienstand und Einkommen. Der Vorteil des KfW-Kredits: Da der Kredit in der Regel für Finanzierungen im nachrangigen Beleihungsraum vergeben wird, kann dessen Absicherung ohne Zinsaufschlag durch eine zweitrangige Grundschuld erfolgen.

Gefördert wird der Bau oder Erwerb von selbst genutzten Eigenheimen oder Eigentumswohnungen. Die Förderung berücksichtigt verschiedene Kosten: *[Förderfähige Aufwendungen]*

- beim Bau die Kosten des Baugrundstücks (vorausgesetzt, es wurde nicht zu einem Zeitpunkt erworben, der länger als sechs Monate vor Eingang des Antrags bei der KfW zurückliegt), die Baukosten einschließlich der Baunebenkosten und Kosten der Außenanlagen;
- beim Erwerb der Kaufpreis einschließlich der Kaufpreisnebenkosten und eventuell anfallender Modernisierungs-, Instandsetzungs- und Umbaukosten.

Nicht finanziert werden insbesondere Umschuldungen bestehender Darlehen und Nachfinanzierungen bereits begonnener oder abgeschlossener Vorhaben.

Die KfW fördert Bau- oder Kaufvorhaben mit langfristigen und zinsgünstigen Darlehen, die Antragsteller über durchleitende Banken oder Sparkassen (Hausbank) erhalten. Finanziert werden bis zu 100 Prozent der Gesamtkosten, höchstens jedoch 50.000 Euro. Die Laufzeit des Kredits beträgt maximal 35 Jahre mit tilgungsfreien Anlaufjahren. Der Zinssatz des Darlehens wird für einen Zeitraum von fünf oder zehn Jahren festgeschrieben. *[Langfristige, zinsgünstige Darlehen]*

Die Tilgung des Kredits erfolgt nach Ablauf der tilgungsfreien Anlaufjahre in vierteljährlichen Annuitäten. Während der Tilgungsfreijahre sind lediglich die Zinsen auf die ausgezahlten Kreditbeträge zu leisten.

Die KfW gewährt Kredite nicht unmittelbar an den Investor, sondern ausschließlich über Kreditinstitute. Diese übernehmen für die von ihnen durchgeleiteten Kredite regelmäßig die Haftung. Der Antrag ist daher bei einem Kreditinstitut zu stellen; dessen Wahl steht dem Endkreditnehmer frei. Die Antragsformulare für den KfW-Kredit gibt es bei jeder Bank oder Sparkasse.

HILFE BEIM BAU ODER KAUF EINES ENERGIEEFFIZIENTEN WOHNGEBÄUDES

Förderfähige Bauvorhaben

Besonders energieeffiziente Wohngebäude werden vom Bund extra belohnt. Gefördert werden

- die Errichtung, die Herstellung oder der Ersterwerb eines KfW-Effizienzhauses 70, 55, 40 oder eines Passivhauses,
- die Erweiterung bestehender Wohngebäude durch abgeschlossene Wohneinheiten oder
- der Umbau bisher nicht zum Wohnen genutzter Gebäude zu Wohngebäuden.

Nicht finanziert werden insbesondere Umschuldungen bestehender Darlehen und Nachfinanzierungen bereits begonnener oder abgeschlossener Vorhaben.

Günstiger Zinssatz, Tilgungszuschuss

Die Förderung umfasst 100 Prozent der förderfähigen Bau- oder Kaufkosten (ohne Grundstückskosten), maximal 50.000 Euro pro Wohneinheit. Neben einem besonders günstigen Zinssatz gibt es einen Tilgungszuschuss von bis zu zehn Prozent der Darlehenssumme, je nach erreichtem KfW-Effizienzhaus-Standard.

HEIRAT – EIN STEUERSPARMODELL?

13

Abhängig von der Höhe des Familieneinkommens können sich durch eine Zusammenveranlagung der Ehepartner Steuervorteile ergeben. Auch durch die Wahl der Lohnsteuerklassen lassen sich steuergünstige Kombinationen erreichen. Beim Zusammenleben ohne Trauschein kommt nur die Einzelveranlagung in Betracht, aber dennoch gibt es unter bestimmten Voraussetzungen steuerliche Abzugsmöglichkeiten von Aufwendungen für die Kindererziehung.

WAS SICH DURCH DIE HEIRAT BEI DER EINKOMMENSTEUER ÄNDERT

Unverheiratete werden bei der Einkommensteuer stets einzeln veranlagt.

Ehegatten können dagegen zwischen der Einzelveranlagung (§ 26a EStG) und der Zusammenveranlagung (§ 26b EStG) wählen.

Wahlrecht

Das Wahlrecht bezieht sich auf das gesamte Kalenderjahr. Das heißt, auch wenn das Paar erst Ende Dezember heiratet, kann es für das ganze Jahr die in der Regel günstigere Zusammenveranlagung wählen. Bei der Zusammenveranlagung wird das Einkommen beider Ehegatten gemeinsam ermittelt und mit dem Splittingtarif belastet, während bei der Einzelveranlagung der Grundtarif gilt. Hier wird jeder Ehegatte so behandelt, als wäre er nicht verheiratet, das heißt jeder versteuert die Einkünfte, die er selbst erzielt und kann die von ihm selbst gezahlten Abzugsbeträge geltend machen. Allerdings können auf gemeinsamen Antrag der Eheleute Sonderausgaben (z. B. bestimmte Versicherungsbeiträge), außergewöhnliche Belastungen (vor allem Krankheitskosten) und die Steuerermäßigungen nach § 35a EStG (für haushaltsnahe Dienstleistungen oder Handwerkerleistungen) je zur Hälfte berücksichtigt werden.

Splittingtabelle

Für beide Tarife gibt es entsprechende Tabellen, die das zu versteuernde Einkommen und die jeweils dazugehörige Einkommensteuer ausweisen. Die Splittingtabelle ergibt sich durch Verdoppelung der Grundtabelle, das heißt, das zu versteuernde Einkommen und die diesem Einkommen entsprechende Steuer werden jeweils verdoppelt. Letztlich wird dadurch das zusammen veranlagte Ehepaar so besteuert, als hätte jeder Ehepartner genau die Hälfte des gemeinsamen Gesamteinkommens erzielt.

Dies führt zu dem für manche Frisch-Vermählte enttäuschenden Ergebnis, dass bei etwa gleich hohem Einkommen beider Ehepartner die Zusammenveranlagung kaum steuerliche Vorteile bringt; im Extremfall – bei einem exakt gleich hohen zu versteuernden Einkommen – ergibt sich bei Zusammenveranlagung dieselbe Steuer wie bei zwei Einzelveranlagungen. Umgekehrt kommt es zu einem umso höheren Steuervorteil, je unterschiedlicher das Familieneinkommen auf die beiden Ehegatten verteilt ist. Bei der sogenannten Hausfrauen- bzw. Hausmännerehe – das heißt nur ein Ehegatte ist erwerbstätig – kann sich eine um mehrere Tausend Euro niedrigere Einkommensteuer ergeben. Analoges gilt, wenn ein Ehepartner positive Einkünfte erzielt und der andere als Selbstständiger geringe oder sogar negative Einkünfte hat oder für ihn, z. B. aus einer gescheiterten Existenzgründung, ein steuerlicher Verlustvortrag festgestellt wurde.

> **Tipp**
> Wird eine Heirat geplant und liegen die Einkommen der zukünftigen Ehegatten stark auseinander, kann es sinnvoll sein, im Dezember zu heiraten anstatt z. B. im Januar des Folgejahres.

Im Kalenderjahr 2012 konnten Eheleute letztmalig zwischen der Zusammenveranlagung, der getrennten Veranlagung und der besonderen Veranlagung im Jahr der Eheschließung wählen, wobei die beiden letztgenannten Arten der Einzelveranlagung ähneln. Konnte die Veranlagungsart 2012 letztmalig beliebig oft revidiert werden, ist die einmal getroffene Wahl seit Jahresbeginn 2013 grundsätzlich bindend. Nach dem Ende der Einspruchsfrist können die Eheleute die Wahl nur noch dann ändern, wenn das Finanzamt aus anderen Gründen einen neuen Einkommensteuerbescheid erlässt und die Einspruchsfrist für diesen neuen Bescheid noch nicht abgelaufen ist.

Bindende Wahl

Auswirkungen hat die Eheschließung unter anderem auch auf die zumutbare Belastung, z. B. bei der steuerlichen Auswirkung von Krankheitskosten (siehe Seite 190).

ÄNDERUNG DER LOHNSTEUERKLASSEN

Das Wichtigste vorab: Der Lohnsteuerabzug hat nur vorläufigen Charakter. Das heißt, wenn – z. B. wegen einer ungünstigen Steuerklassenwahl – der Arbeitgeber zu viel Lohnsteuer einbehält und ans Finanzamt abführt, erhalten die Ehegatten die zu viel gezahlten Beträge im Rahmen der Einkommensteuerveranlagung wieder zurück. Die Lohn- oder Einkommensteuer, die sich aufgrund der Steuererklärung letztlich ergibt, ist also völlig unabhängig von den gewählten Lohnsteuerklassen.

> **Tipp**
> Für die Kombination IV/IV sollte kein Ehegatte mehr als 60 Prozent der Summe der beiden Arbeitslöhne beziehen.

Wichtig sind die Lohnsteuerklassen allerdings für die Höhe des laufend ausgezahlten Arbeitslohnes. Für Eheleute kommen vor allem die Kombinationen „IV/IV" (das heißt beide haben Steuerklasse IV) oder „III/ V" in Betracht. IV/IV ist dann günstig, wenn beide Ehepartner Arbeitnehmer sind und einen annähernd gleich hohen Arbeitslohn beziehen.

Die Steuerklasse IV ist rechnerisch identisch mit der Steuerklasse I, die für Ledige vorgesehen ist. Bei der Kombination III/V wird der Partner mit Steuerklasse III niedriger besteuert, während der Ehegatte mit Steuerklasse V eine umso höhere Lohnsteuer auf seinen Arbeitslohn zahlt. Steuerlich günstig ist diese Kombination, wenn der Ehegatte mit Steuerklasse V entweder gar nicht als Arbeitnehmer tätig ist (weil er z. B. als Selbstständiger oder wegen Kinderbetreuung nicht erwerbstätig ist) oder nur einen geringen Arbeitslohn bezieht.

> **Tipp**
> Nur wenn ein Ehegatte weniger als circa 40 Prozent des Familien-Arbeitslohnes bezieht, bringt die Steuerklassenkombination III/V Vorteile.

Da der Ehegatte mit der Steuerklasse V nur einen relativ geringen Nettolohn ausgezahlt bekommt, ist diese Kombination nur möglich, wenn beide Ehegatten sie beantragen. Der Ehegatte mit der Steuerklasse V sollte sich immer vor Augen führen, dass er nur deshalb einen so niedrigen Nettolohn erzielt, weil er sozusagen einen Teil der Steuer des besser verdienenden Partners mit bezahlt. Um diesen Effekt abzumildern, wurde vor einigen Jahren das komplizierte Faktorverfahren eingeführt. Hierbei wird vom Finanzamt die voraussichtliche, laut Splittingtarif für das Ehepaar insgesamt anfallende Einkommensteuer im Verhältnis der Arbeitslöhne auf die beiden Ehegatten verteilt, sodass die Abweichung zwischen der im Lauf des Jahres gezahlten Lohnsteuer und der endgültigen Einkommensteuer vermindert wird.

Wenn beide Ehegatten Arbeitslohn bezogen haben, ist sowohl bei der Steuerklassenkombination III/V als auch beim Faktorverfahren zwingend eine Einkommensteuererklärung einzureichen. Denn in diesen Fällen kann es vorkommen, dass insgesamt zu wenig Lohnsteuer abgeführt wird.

Ein Steuerklassenwechsel kann spätestens bis zum 30. November des jeweiligen Jahres beim Finanzamt beantragt werden. Diejenigen, die diesen Termin versäumen oder erst im Dezember heiraten, erhalten aber – wie eingangs erwähnt – die unter Umständen zu viel gezahlte Lohnsteuer im Rahmen der Einkommensteuerveranlagung zurück.

Tipp
Zu beachten ist allerdings, dass Lohnersatzleistungen wie beispielsweise Elterngeld oder Arbeitslosengeld sich am letzten Nettogehalt – beim Elterngeld bezogen auf die letzten zwölf Monate vor der Geburt des Kindes – bemessen. Wenn also absehbar ist, dass ein Elternteil den überwiegenden Teil des Elterngeldes beziehen wird, sollte dieser Ehegatte frühzeitig die Steuerklasse III wählen. Analoges gilt, wenn der Arbeitsplatz eines Ehegatten als gefährdet erscheint.

EIN EHEPAAR – ZWEI WOHNSITZE?

Wenn Ehegatten aus beruflichen Gründen zwei Wohnsitze haben, liegt eine doppelte Haushaltsführung im Sinne von § 9 Abs. 1 Nr. 5 EStG vor. Der Familienwohnsitz – in der Regel die größere Wohnung oder das Haus – ist steuerlich nicht zu berücksichtigen; die kleinere Wohnung am oder in der Nähe des Arbeitsorts des anderen Ehegatten wird dagegen vom Finanzamt als beruflich verursacht anerkannt. Damit zusammenhängende Kosten sind als Werbungskosten abziehbar; insbesondere sind dies

- Miete bzw. Abschreibung (begrenzt auf eine durchschnittliche Miete für 60 qm) und Nebenkosten der Wohnung, ab 2014 gilt unabhängig von der Größe ein monatlicher Höchstbetrag von 1.000 Euro für Unterkunft, Nebenkosten und evtl. Pkw-Stellplatz,
- pro Woche eine Familienheimfahrt mit 0,30 Euro je Kilometer,
- Kosten der Ausstattung der Zweitwohnung, bei Anschaffungskosten von mehr als 410 Euro je Gegenstand verteilt auf die Nutzungsdauer,
- evtl. Fahrtkosten zwischen Zweitwohnung und Arbeitsplatz (Entfernungspauschale von 0,30 Euro je Kilometer),
- Umzugskosten, und zwar zu Beginn und am Ende der doppelten Haushaltsführung,
- Verpflegungsmehraufwendungen für die ersten drei Monate (gestaffelt nach der Dauer der Abwesenheit vom Familienwohnsitz: bei 24-stündiger Abwesenheit je 24 Euro, bei mindestens 14 Stunden je 12 Euro und bei mindestens acht Stunden je 6 Euro pro Tag); ab 2014 bereits bei mindestens acht Stunden je 12 Euro.

Tipp
Wenn Kosten für einen Stellplatz angefallen sind, sollten diese in der Steuererklärung als Werbungskosten eingetragen werden. Erkennt das Finanzamt diese Kosten im Steuerbescheid nicht an, kann dagegen Einspruch eingelegt und unter Bezug auf das nebenstehend genannte Aktenzeichen beantragt werden, dass das Verfahren bis zur höchstrichterlichen Entscheidung ruht.

Zu der Frage, ob zusätzlich die Kosten eines Pkw-Stellplatzes am Arbeitsort abziehbar sind oder ob diese bereits mit der Entfernungspauschale abgegolten werden, ist ein Revisionsverfahren beim Bundesfinanzhof anhängig (Az. VI R 50/11).

Voraussetzung für die Anerkennung einer doppelten Haushaltsführung, ist das Führen eines „eigenen Hausstandes" am Arbeitsort. Ein eigener Hausstand in diesem

Sinne kann allerdings auch ein Zimmer in einer Wohngemeinschaft (so Urteil des Bundesfinanzhofs vom 28.3.2012, Az. VI R 25/11) oder ein möbliertes Zimmer oder Ähnliches sein. Der zweite Wohnsitz muss sich nicht direkt am Arbeitsort befinden. Es genügt, wenn der Arbeitsplatz von dort aus täglich zu erreichen ist. Mit Urteil vom 19. April 2012 (Az. VI R 59/11) hat der Bundesfinanzhof eine 141 Kilometer von der Arbeitsstätte entfernte Eigentumswohnung anerkannt, weil die betreffende Arbeitnehmerin für die Zugfahrt zum Arbeitsplatz mit dem ICE nur circa eine Stunde benötigte.

Tipp

Eine doppelte Haushaltsführung liegt auch vor, wenn Ehegatten nach der Heirat in ihren vorher allein benutzten Wohnungen wohnen bleiben und einen der beiden Wohnsitze zum Familienwohnsitz erklären. Sie wird auch dann anerkannt, wenn beide Ehegatten zunächst zusammen am Arbeitsort wohnen und der Familienwohnsitz später aus privaten Gründen vom Arbeitsort wegverlegt wird, weil z. B. wegen des Familienzuwachses ein Haus im Grünen bezogen wird.

Wenn der Arbeitgeber die Kosten für die doppelte Haushaltsführung ganz oder teilweise erstattet, ist diese Erstattung gemäß § 3 Nr. 16 EStG steuerfrei. Der Werbungskostenabzug ist dann nur für die nicht erstatteten – das heißt vom Arbeitnehmer selbst getragenen – Aufwendungen möglich.

ZUSAMMENLEBEN OHNE TRAUSCHEIN

Die Partner einer nicht ehelichen Lebensgemeinschaft werden jeweils einzeln veranlagt. Eine Zusammenveranlagung kommt nicht in Betracht, auch wenn gemeinsame Kinder mit im Haushalt leben.

Besonderheiten und damit steuerliche Abzugsmöglichkeiten gibt es nur,

Besonderheiten

- wenn einem der beiden Partner zum Unterhalt öffentliche Mittel (z. B. Arbeitslosengeld II) mit Rücksicht auf die Unterhaltsleistungen des anderen Partners gekürzt werden, oder

- auf Grund der gesetzlichen Unterhaltspflicht des Kindsvaters für die nicht mit ihm verheiratete Mutter des gemeinsamen Kindes (§ 1615l BGB).

ABZUG VON UNTERHALTSLEISTUNGEN BEI NICHT EHELICHER LEBENSGEMEINSCHAFT

Erzielt einer der beiden Partner einer nicht ehelichen Lebensgemeinschaft keine oder geringe Einkünfte und erhält dieser nur deshalb keine oder gekürzte Sozialleistungen (z. B. Arbeitslosengeld II), weil er mit seinem Partner zusammenlebt, sind die Unterhaltsleistungen des Partners steuerlich gemäß § 33a Abs. 1 EStG abziehbar. Hierbei kommt es nicht darauf an, ob beide Partner gemeinsame Kinder haben. Nach dieser Vorschrift kann derjenige, der den anderen unterhält, die Unterhaltsleistungen bis zu maximal 8.004 Euro pro Jahr als außergewöhnliche Belastung abziehen. Zusätzlich zu diesem Höchstbetrag können Basis-Krankenversicherungsbeiträge für die unterhaltene Person abgezogen werden.

> **Tipp**
> Der Unterhalt muss nicht in Form von Geldüberweisungen oder Ähnlichem nachgewiesen werden. Es reicht aus, wenn die unterhaltene Person auf Kosten des Unterhaltenden mit im Haushalt lebt.

Eigene Einkünfte und/oder Bezüge des unterhaltenen Partners von mehr als 624 Euro pro Jahr mindern den Höchstbetrag: Soweit die anrechnungsfreien 624 Euro überschritten werden, wird der Höchstbetrag gekürzt.

A und B leben in nicht ehelicher Lebensgemeinschaft zusammen. A hat aus einem „Minijob" eigene Einnahmen von 200 Euro im Monat. Außerdem erhält A für seine Tätigkeit als Übungsleiter im Sportverein eine steuerfreie Aufwandsentschädigung von 50 Euro im Monat. Aufgrund der nicht ehelichen Lebensgemeinschaft mit B erhält A keinerlei Sozialleistungen. B ist voll berufstätig und finanziert überwiegend die gemeinsamen Lebenshaltungskosten. Außerdem bezahlt B für A Basis-Krankenversicherungsbeiträge von 150 Euro pro Monat.

B kann grundsätzlich Unterhaltsleistungen an A gemäß § 33a Abs. 1 EStG abziehen, da ihm Aufwendungen für eine gesetzlich unterhaltsberechtigte Person, für die niemand einen Anspruch auf Kinderfreibetrag hat, entstanden sind. Weitere Voraussetzung ist, dass A nur ein geringes Vermögen besitzt. Hier darf die sogenannte Schonvermögensgrenze von 15.500 Euro gemäß R 33 Abs. 2 Satz 3 EStR nicht überschritten werden. Allerdings ist der Höchstbetrag des § 33a Abs. 1 EStG aufgrund von As eigenen Einnahmen aus dem Minijob zu mindern. Die steuerfreie Aufwandsentschädigung (gemäß § 3 Nr. 26 EStG) bleibt hingegen unberücksichtigt.

Höchstbetrag	8.004 Euro	
+ Erhöhung um KV-/PV-Pflichtbeiträge (12 x 150 Euro)	1.800 Euro	
= zu berücksichtigender Höchstbetrag	9.804 Euro	
Bezüge von A: Minijob-Einnahmen	2.400 Euro	
− Kostenpauschale	180 Euro	
verbleibende Bezüge	2.220 Euro	
− anrechnungsfreier Betrag	624 Euro	
= anzurechnende Bezüge	1.596 Euro	−1.596 Euro
= gekürzter Höchstbetrag		8.208 Euro

B kann somit gemäß § 33a Abs. 1 EStG Unterhaltsaufwendungen in Höhe von 8.208 Euro abziehen.

Sind die Voraussetzungen des § 33a Abs. 1 EStG nur in einem Teil des Jahres erfüllt, wird der Höchstbetrag „gezwölftelt".

ABZUG VON UNTERHALTSLEISTUNGEN DES KINDSVATERS

Die Unterhaltspflicht des Kindsvaters basiert auf § 1615l BGB.

Nach dem Gesetz ist der Vater gegenüber der Mutter seines Kindes auf jeden Fall sechs Wochen vor bis acht Wochen nach der Geburt unterhaltspflichtig. Wenn die Mutter nach Ablauf der acht Wochen nicht erwerbstätig ist, weil sie auf Grund von Krankheit oder wegen der Pflege und Betreuung des Kindes dazu nicht imstande ist, kann sich die Unterhaltspflicht auf bis zu drei Jahre nach der Geburt, in Ausnahmefällen auch noch weiter, verlängern. Aufgrund der gesetzlichen

Unterhaltspflicht

Unterhaltspflicht ist der gezahlte Unterhalt nach § 33a Abs. 1 EStG bis zu maximal 8.004 Euro pro Jahr – wie oben erläutert gegebenenfalls gekürzt um eigene Einkünfte und Bezüge der unterhaltenen Mutter – in der Einkommensteuererklärung des Vaters als außergewöhnliche Belastung abziehbar.

STEUERLICHE ENTLASTUNG VON ELTERN

14

Kindergeld und Kinderfreibeträge sind die beiden Elemente beim Familienleistungsausgleich, durch die sich der Staat an den Kosten von Kindern beteiligt. Aber auch bei den Kinderbetreuungskosten hilft er Eltern mit steuerlichen Abzugsmöglichkeiten.

BERÜCKSICHTIGUNG VON KINDERN

Mit dem ersten Kind ändert sich das Leben der Eltern häufig gravierender als mit der Heirat. Zum Glück beteiligt sich der Fiskus – zwar nur zu einem gewissen Teil – an der finanziellen Belastung durch Kinder. Der sogenannte Familienleistungsausgleich hat zwei Kernelemente, deren Wechselwirkung nicht einfach zu verstehen ist:

- Kindergeld und
- Kinderfreibeträge.

Voraussetzung für beide Vergünstigungen ist, dass das Kind gemäß § 32 Abs. 1 bis 5 EStG steuerlich zu berücksichtigen ist (vgl. hierzu ausführlich S. 28 ff.).

Das Kindergeld ist einkommensteuerfrei. Im Gegensatz zum ebenfalls steuerfreien Elterngeld unterliegt es auch nicht dem Progressionsvorbehalt. Dieser bewirkt, dass das Elterngeld selbst zwar steuerfrei bleibt, aber der Steuersatz auf die übrigen, steuerpflichtigen Einkünfte erhöht wird, sodass sich letztlich doch eine zusätzliche Steuerbelastung ergibt.

Tipp

Zum Progressionsvorbehalt beim Elterngeld ist ein Verfahren beim Bundesfinanzhof anhängig (Az. VI R 22/12). Es geht um die Frage, ob bei Arbeitnehmern, die den Arbeitnehmerpauschbetrag nicht ausschöpfen, weil sie höhere Werbungskosten geltend machen, der Arbeitnehmerpauschbetrag vom Elterngeld abgezogen werden kann. In entsprechenden Fällen sollte Einspruch eingelegt und beantragt werden, dass das Verfahren bis zur endgültigen Entscheidung des Bundesfinanzhofs ruht.

Das Kindergeld muss bei der zuständigen Familienkasse – diese ist eine Dienststelle der Bundesagentur für Arbeit – oder von den Beschäftigten des Öffentlichen Dienstes beim zuständigen Landesamt für Besoldung und Versorgung beantragt werden. Berechtigt sind nicht die Eltern gemeinsam, sondern immer nur eine Person. Dies ist der Elternteil, in dessen Haushalt das

Kind lebt. Wenn das Kind im gemeinsamen Haushalt der Eltern lebt, müssen die Eltern untereinander einen Berechtigten bestimmen.

KINDERFREIBETRÄGE KÖNNEN ZU ZUSÄTZLICHER STEUERERSTATTUNG FÜHREN

WECHSELWIRKUNG ZWISCHEN KINDERGELD UND KINDERFREIBETRAG

Das Kindergeld hat den Charakter einer monatlich vorab ausgezahlten Steuervergütung. Im Zuge der Einkommensteuerveranlagung wird für jedes Kind ein Freibetrag berücksichtigt. Bei einem jährlichen zu versteuernden Einkommen von mehr als circa 40.000 Euro (Alleinstehende) oder circa 70.000 Euro (Ehegatten) bewirkt der Freibetrag eine höhere Steuerentlastung als das bereits ausgezahlte Kindergeld. In diesem Fall erhalten die Eltern die zusätzliche Steuerentlastung im Rahmen der Einkommensteuerveranlagung. Ist dagegen die Steuerwirkung des Freibetrags – bei niedrigerem Einkommen – geringer als das Kindergeld, dann bleibt es beim Kindergeld, das heißt, jeder erhält im Endeffekt mindestens das Kindergeld.

Tipp

Was im Einzelfall günstiger ist, muss nicht selbst berechnet werden. Das Finanzamt ist nämlich verpflichtet, im Rahmen der Günstigerprüfung bei der Einkommensteuerveranlagung die jeweils günstigere Lösung zu wählen. Wichtig ist nur, dass die Anlage(n) „Kind" der Steuererklärung sorgfältig ausgefüllt wird.

Die Voraussetzungen für die Kinderfreibeträge sind identisch mit denen für das Kindergeld. Jeder Elternteil kann für das materielle Existenzminimum des Kindes einen Kinderfreibetrag von 2.184 Euro pro Jahr und für den Betreuungs-, Erziehungs- oder Ausbildungsbedarf des Kindes zusätzlich jährlich 1.320 Euro – insgesamt also 3.504 Euro – steuerlich geltend machen. Bei einem zusammen veranlagten Elternpaar wird somit insgesamt ein Freibetrag von 7.008 Euro pro Jahr berücksichtigt. Beim Spitzensteuersatz von zurzeit 42 Prozent ergibt sich dadurch eine Verminderung der Einkommensteuer um jährlich 2.943 Euro (zuzüglich Solidaritätszuschlag und evtl. Kirchensteuer). Das macht monatlich mehr als 250 Euro – und damit wesentlich mehr als das Kindergeld – aus.

FINANZAMT MUSS DIE FÜR DIE ELTERN GÜNSTIGERE VARIANTE WÄHLEN

> **Tipp**
> Wichtig ist, die Anlage(n) „Kind" vollständig auszufüllen, auch wenn man im Laufe des Jahres bereits Kindergeld erhalten hat.

Für manche irritierend ist, dass im Einkommensteuerbescheid das Kindergeld auf die Einkommensteuererstattung angerechnet wird. Das heißt, im oben genannten Beispiel würde von den 2.943 Euro das Kindergeld in Höhe von 2.208 Euro abgezogen. Dies ist aber nur folgerichtig, weil die Steuerpflichtigen das Kindergeld bereits im Lauf des Jahres als Steuervergütung ausbezahlt bekommen haben, sodass sie nur noch einen Anspruch auf die restliche Steuererstattung (im Beispiel: 735 Euro) haben. Da für Laien schwer zu berechnen ist, ob Kindergeld oder -freibeträge günstiger sind, ist das Finanzamt bei der Einkommensteuerveranlagung verpflichtet, die für den Betreffenden jeweils vorteilhafteste Variante zu wählen.

ACHTUNG: FALSCHE ENTSCHEIDUNG DER FAMILIENKASSE KANN BINDEND SEIN

> Einspruch gegen falschen Bescheid

Auch wenn Sie wissen, dass für Sie der Freibetrag günstiger ist als das Kindergeld, müssen Sie unbedingt zunächst Kindergeld beantragen, da laut Gesetz (§ 31 Satz 4 EStG) bei der Veranlagung nicht das tatsächlich ausgezahlte Kindergeld „gegen gerechnet" wird, sondern das Kindergeld, auf welches Sie einen Anspruch haben, egal ob Sie diesen Anspruch durch einen Kindergeldantrag geltend gemacht haben oder nicht. Daher müssen Sie auch unbedingt gegen einen Ihrer Meinung nach falschen Ablehnungsbescheid der Familienkasse vorgehen und können nicht darauf vertrauen, dass das Finanzamt die möglicherweise falsche Entscheidung der Familienkasse im Zuge der Einkommensteuerveranlagung „richtigstellt".

BESONDERHEITEN BEI ALLEIN-ERZIEHENDEN

KINDERFREIBETRÄGE BEI ALLEINERZIEHENDEN

Für jedes Kind wird nur an einen Berechtigten Kindergeld ausgezahlt. Bei getrennt lebenden Eltern ist dies der Elternteil, bei dem das Kind lebt (§ 64 Abs. 2 EStG). Lebt das Kind bei keinem der Elternteile, sondern z.B. als Student oder Auszubildender allein, so erhält derjenige Elternteil das Kindergeld, der überwiegend für den Unterhalt des Kindes aufkommt.

> **Tipp**
> Ein Ablehnungsbescheid der Familienkasse sollte sorgfältig geprüft und gegebenenfalls mit einem Einspruch angefochten werden, weil sich dies im Rahmen der Einkommensteuerveranlagung nicht mehr „nachholen" lässt.

Die Kinderfreibeträge stehen jedem Elternteil grundsätzlich je zur Hälfte zu. So kann jeder für das materielle Existenzminimum des Kindes den Kinderfreibetrag von 2.184 Euro pro Jahr und für den Betreuungs-, Erziehungs- oder Ausbildungsbedarf des Kindes zusätzlich jährlich 1.320 Euro abziehen.

Erfüllt einer der beiden Eltern seine Unterhaltspflicht für das Kind im Wesentlichen, während der andere sie nicht erfüllen kann oder will, so kann derjenige, der seinen Verpflichtungen nachkommt beantragen, den Kinderfreibetrag von 2.184 Euro (gemäß § 32 Abs. 6 S. 6 EStG) vom anderen Elternteil auf sich übertragen zu lassen. Dagegen kann der andere Elternteil (= der seiner Unterhaltspflicht gar nicht oder nicht ausreichend nachkommt) nicht widersprechen. Ausgeschlossen ist die Übertragung allerdings für Zeiträume, in denen Unterhaltsleistungen nach dem Unterhaltsvorschussgesetz (siehe S. 121 ff.) gezahlt werden.

> **Tipp**
> Wer (fast) allein für das Kind aufkommt, kann die Kinderfreibeträge des anderen Elternteils gemäß § 32 Abs. 6 EStG auf sich übertragen lassen!

Die Unterhaltspflicht des Elternteils, bei dem das Kind wohnt, gilt durch die Pflege und Erziehung des Kindes stets als im Wesentlichen erfüllt. Der Elternteil, der barunterhaltspflichtig ist, erfüllt seine Unterhaltspflicht im Wesentlichen, wenn er mindestens 75 Prozent des festgesetzten Barunterhalts tatsächlich zahlt. Ist dies nicht der Fall, so erhält der Elternteil, der den Antrag gestellt hat, den verdoppelten Kinderfreibetrag von insgesamt 4.368 Euro. Dem anderen Elternteil steht dagegen kein Kinderfreibetrag zu und er verliert damit auch alle anderen kindbedingten Steuervergünstigungen.

> **Vorsicht**
> Der Elternteil, bei dem das Kind nicht gemeldet ist, kann dem Antrag des anderen Elternteils auf Übertragung des Freibetrags für den Betreuungs-, Erziehungs- oder Ausbildungsbedarf widersprechen. Und zwar dann, wenn er selbst tatsächlich Kinderbetreuungskosten trägt oder das Kind in einem nicht unwesentlichen Umfang selbst betreut.

Anders sieht es beim Freibetrag für den Betreuungs-, Erziehungs- oder Ausbildungsbedarf des Kindes aus. Hier wird gemäß § 32 Abs. 6 Satz 8 EStG in erster Linie darauf abgestellt, bei wem das Kind gemeldet ist. Bei minderjährigen Kindern kann der Elternteil, in dessen Wohnung das Kind gemeldet ist, beantragen, diesen Freibetrag auf sich übertragen zu lassen. Das ist aber nur möglich, wenn das Kind beim anderen Elternteil nicht (ebenfalls) gemeldet ist.

KINDER, DIE BEI IHREN GROSS- ODER STIEFELTERN AUFWACHSEN

Groß- oder Stiefeltern können die Übertragung von Freibeträgen beantragen, wenn die Kinder in ihrem Haushalt aufwachsen. Hat der (eigentlich) berechtigte Elternteil der Übertragung zugestimmt, so kann diese Zustimmung nur mit Wirkung für künftige Kalenderjahre widerrufen werden.

Bei ihrer Einkommensteuerveranlagung in Deutschland können Eltern Kinderfreibeträge auch dann geltend machen, wenn ihre Kinder im Ausland – z. B. bei den Großeltern oder anderen Verwandten – aufwachsen. Allerdings werden die Freibeträge dann gegebenenfalls entsprechend den niedrigeren Lebenshaltungskosten im Wohnsitzstaat der Kinder auf drei Viertel, die Hälfte oder ein Viertel gekürzt (laut Ländergruppeneinteilung des Bundesfinanzministeriums; als Download verfügbar unter www.bundesfinanzministerium.de).

WECHSELWIRKUNG ZWISCHEN KINDERGELD UND KINDERFREIBETRAG BEI PATCHWORK-FAMILIEN

Kindergeld wird immer nur an einen Berechtigten ausgezahlt, die Freibeträge werden dagegen in der Regel auf beide Elternteile aufgeteilt. Deshalb kommt es häufig vor, dass ein „Zahlvater" – ein Vater, bei dem das Kind nicht lebt, der aber seinen Unterhaltsverpflichtungen nachkommt – zwar Anspruch auf die Kinderfreibeträge hat, aber kein Kindergeld bezieht. In diesem Fall wird bei der Günstigerprüfung des Finanzamtes (= Prüfung, ob Kindergeld oder Kinderfreibetrag günstiger ist, siehe oben) unterstellt, dass er die Hälfte des Kindergeldes erhalten hätte. Umgekehrt wird bei der Günstigerprüfung der Mutter, bei der das Kind lebt, unterstellt, dass sie nur die Hälfte des Kindergeldes erhalten hätte. Der Grund dafür ist, dass bei der Ermittlung des zu zahlenden Unterhaltes das Kindergeld hälftig berücksichtigt wird, das heißt, der Vater zahlt für das Kind an die Mutter einen um die Hälfte des Kindergeldes geminderten Barunterhalt.

Günstigerprüfung

ENTLASTUNGSBETRAG FÜR ALLEINERZIEHENDE

Alleinerziehende haben nicht die Möglichkeit des Ehegattensplittings, sondern werden nach dem meist ungünstigeren Grundtarif besteuert. Um ihre Steuerbelastung etwas zu vermindern, gibt es den Entlastungsbetrag für Alleinerziehende (§ 24b EStG). Dieser beträgt 1.308 Euro pro Jahr und wird unter folgenden Voraussetzungen gewährt:

Grundtarif

- zum Haushalt des/der Alleinerziehenden muss mindestens ein Kind gehören, für das er/sie einen Anspruch auf Kindergeld/Kinderfreibetrag hat,

- der/die Alleinstehende darf nicht die Voraussetzungen für das Splittingverfahren erfüllen (Ausnahme: Verwitwete im Jahr nach dem Tod des Ehegatten. Hier wird der Splittingtarif angewendet, dennoch können sie den Entlastungsbetrag in Anspruch nehmen).
- im Haushalt des/der Alleinstehenden darf keine andere volljährige Person leben. Hiervon ausgenommen sind volljährige Kinder, für die ein Anspruch auf Kindergeld/-freibetrag besteht.

Zugehörigkeit zum Haushalt

Die Haushaltszugehörigkeit wird jeweils angenommen, wenn das Kind oder die volljährige Person in der Wohnung gemeldet ist. Für die volljährige Person kann diese Vermutung entkräftet werden, wenn nachgewiesen wird, dass keine Haushaltsgemeinschaft, sondern eine reine Wohngemeinschaft, bei der nicht „aus einem Topf" gewirtschaftet wird, besteht (Einzelheiten siehe Schreiben des Bundesfinanzministeriums vom 29.10.2004, BStBl. I S. 1042). Wenn das Kind bei beiden Elternteilen gemeldet ist, kann nur einer der beiden den Entlastungsbetrag in Anspruch nehmen, und zwar derjenige, an den das Kindergeld ausgezahlt wird.

Für Monate, in denen nicht alle oben genannten Voraussetzungen erfüllt sind, ermäßigt sich der Entlastungsbetrag um je ein Zwölftel (= 109 Euro).

KINDERBETREUUNGSKOSTEN

Kinderbetreuung, vor allem für Kleinkinder, ist sehr kostspielig; gut, dass der Staat sich daran beteiligt.

Gemäß § 10 Abs. 1 Nr. 5 EStG können zwei Drittel der Aufwendungen, die für die Betreuung von unter 14-jährigen Kindern anfallen, als Sonderausgaben abgezogen werden. Der Abzugsbetrag ist jedoch begrenzt auf 4.000 Euro pro Kind und Jahr.

VORAUSSETZUNGEN FÜR DEN ABZUG

Begünstigt sind nur die Kosten der Betreuung von Kindern bis zu deren 14. Geburtstag. Die Betreuung eines älteren Kindes kann nur dann geltend gemacht werden, wenn das Kind wegen einer vor Vollendung des 25. Lebensjahres eingetretenen Behinderung außerstande ist, sich selbst zu unterhalten.

Weitere Voraussetzung für den Abzug ist, dass das Kind zum Haushalt des Steuerpflichtigen gehört. Dazu zählen Kinder, die in der Wohnung des Steuerpflichtigen leben oder mit dessen Einwilligung vorübergehend auswärts untergebracht sind, z.B. in einem Internat. Behinderte Kinder, die in einem Heim untergebracht sind, gelten als zum Haushalt der Eltern zugehörig, wenn die Wohnung der Eltern entsprechend der besonderen Bedürfnisse des behinderten Kindes eingerichtet ist und das Kind sich regelmäßig auch dort aufhält.

Wenn die Eltern getrennt leben und das gemeinsame Sorgerecht für ihr Kind haben, zählt das Kind dort als haushaltszugehörig, wo es seinen Lebensmittelpunkt hat. Dieser wird dort vermutet, wo das Kind gemeldet ist. Ein weiteres Indiz ist die Zahlung des Kindergeldes an den betreffenden Elternteil. Neben der Haushaltszugehörigkeit ist weitere Voraussetzung für den Abzug von Betreuungskosten, dass der Steuerpflichtige diese auch selbst getragen hat.

Lebensmittelpunkt entscheidend

Der Abzug von Kinderbetreuungskosten ist nur möglich, wenn eine Rechnung über die Aufwendungen vorliegt und die Zahlung auf ein Konto des Empfängers erfolgt. Als Rechnung gelten auch z. B. der Gebührenbescheid des öffentlichen Trägers

158 STEUERLICHE ENTLASTUNG VON ELTERN

> **Tipp**
> Bar gezahlte Kinderbetreuungskosten sind nicht abziehbar!

einer Kindertagesstätte, der Arbeitsvertrag mit einer angestellten Haushaltshilfe, die auch die Kinder betreut, oder ein Vertrag mit einem Au-pair-Mädchen. Die Zahlungen können in Form von Überweisungen, Daueraufträgen, Schecks oder im Lastschriftverfahren erfolgen.

BESONDERHEITEN BEI GETRENNT LEBENDEN/ UNVERHEIRATETEN ELTERN

Nach der Trennung der Eltern leben Kinder meistens im Haushalt eines Elternteils. Ausnahmsweise kann ein Kind aber auch zu den getrennten Haushalten beider Eltern gehören, wenn es zeitweise beim Vater und zeitweise bei der Mutter lebt. Beide Eltern können dann die von ihnen getragenen Betreuungskosten abziehen. Der Höchstbetrag von 4.000 Euro wird aber auch in diesem Fall für jedes Kind nur einmal gewährt. Grundsätzlich steht der Höchstbetrag dann beiden Elternteilen je zur Hälfte zu. Die Eltern können aber gemeinsam beim Finanzamt eine abweichende Aufteilung beantragen (Schreiben des Bundesfinanzministeriums vom 14.3.2012, Rdn. 28). Entsprechendes gilt, wenn unverheiratete Eltern zusammenleben.

> **Tipp**
> Die steuerliche Auswirkung der Kinderbetreuungskosten ist umso größer, je höher das zu versteuernde Einkommen des Elternteils ist. Daher sollten sich nicht zusammen veranlagte Eltern nach Möglichkeit darauf einigen, dass der Elternteil mit dem höheren Einkommen die Kinderbetreuungskosten alleine trägt und im Rahmen des voll auf ihn übertragenen Höchstbetrags geltend macht.

> **Tipp**
> In solchen Fällen wäre es steuerlich günstiger, wenn die gemeinsamen Kinder zu den Haushalten beider Eltern gehörten. Der Besserverdienende sollte dann die Betreuungskosten alleine tragen und die Eltern könnten auf gemeinsamen Antrag hin den vollen Höchstbetrag auf ihn übertragen lassen, sodass sich die höchst mögliche Steuerersparnis ergibt (siehe oben).

Leben die Eltern getrennt und kommen je zur Hälfte für die Kinderbetreuungskosten auf, obwohl die Kinder nur zum Haushalt eines Elternteils gehören, so kann auch nur dieser die von ihm geleisteten Kosten abziehen. Das bedeutet also, dass die Aufwendungen des Elternteils, bei dem das Kind nicht gemeldet ist, steuerlich irrelevant sind. Das ist besonders ungünstig, wenn dies der Elternteil mit dem höheren Einkommen ist.

Neben der Haushaltszugehörigkeit ist weitere Voraussetzung für den Abzug, dass der Steuerpflichtige die Betreuungskosten selbst getragen hat. Bei verheirateten, zusammenlebenden Eltern spielt es keine Rolle, welcher der Ehegatten die Kosten getragen hat. Leben jedoch unverheiratete Eltern zusammen und hat nur einer von ihnen beispielsweise den Vertrag mit der Kindertagesstätte abgeschlossen und die Betreuungskosten getragen, so kann nur er und nicht der andere Partner die Kosten steuerlich abziehen (Urteil des Bundesfinanzhofs vom 25.11.2010, Az. III R 79/09, BStBl. 2011II S. 450).

> **Vorsicht**
> Ungünstig ist es, wenn der Partner mit dem niedrigeren Einkommen den Vertrag mit der Betreuungseinrichtung abgeschlossen hat. Denn die Kinderbetreuungskosten können dann zu einer geringeren Steuerersparnis führen als beim Abzug von den Einkünften des Besserverdienenden.

BEGÜNSTIGTE AUFWENDUNGEN

Als Kinderbetreuungskosten begünstigt sind z.b. Kindergarten- und Hortbeiträge, die Kosten für Tagesmütter, Babysitter, Au-pair-Mädchen oder andere private Betreuungseinrichtungen. Nicht dazu zählen dagegen Kosten für Musikschulen, Beiträge zu Sport- oder ähnlichen Vereinen oder andere Kosten, die für die Vermittlung von besonderen Fähigkeiten oder für Freizeitbetätigungen anfallen. Hausaufgabenbetreuung (einschließlich der Beantwortung von Fragen, die sich dabei ergeben) ist begünstigt, Nachhilfeunterricht dagegen nicht. Nach dem Urteil des Bundesfinanzhofs vom 19. April 2012, Az. III R 29/11 liegen nicht begünstigte Aufwendungen für Unterricht oder die Vermittlung besonderer Fähigkeiten allerdings nur dann vor, wenn diese Dienstleistungen in einem organisatorisch, zeitlich und räumlich selbstständigen Rahmen stattfinden und die Aufsicht und Betreuung des Kindes gegenüber der Vermittlung der besonderen Fähigkeiten in den Hintergrund tritt. Im Urteilsfall zahlten die Eltern einen Zusatzbeitrag dafür, dass ihr Kind in einer besonderen Kindergartengruppe zusätzlich von französischsprachigen Sprachassisten-

Keine Nachhilfekosten

tinnen betreut wurde. Laut Bundesfinanzhof war auch dieser Zusatzbeitrag abziehbar, weil „Kinderbetreuung" auch die pädagogisch sinnvolle Gestaltung der in Kindergärten und ähnlichen Einrichtungen verbrachten Zeit umfasse. Mit anderen Worten muss es sich nicht um eine reine „Beaufsichtigung" handeln, sondern dem Kind dürfen „erste handwerkliche, musische, sprachliche oder sportliche Fähigkeiten, also frühkindliche Bildung" (Zitat aus der Urteilsbegründung) vermittelt werden.

Tipp

Wenn die Betreuung im Vordergrund steht, können die Kosten dafür abgezogen werden, auch wenn dem Kind im Rahmen der Betreuung besondere Fähigkeiten wie z. B. Sprachkenntnisse vermittelt werden und dafür ein besonderes Entgelt gezahlt wird. Der Besuch einer Sprach- oder Musikschule ist dagegen nicht begünstigt, obwohl das Kind dort auch betreut wird.

Kosten für die Verpflegung in einer Betreuungseinrichtung sind nicht abziehbar. Werden diese Kostenbestandteile nicht separat in der Rechnung ausgewiesen, sind sie zu schätzen und vom Gesamtrechnungsbetrag abzuziehen. Ebenfalls nicht abziehbar sind die Fahrtkosten für den Weg zur Betreuungseinrichtung.

Au-pair-Kosten

Wenn ein Au-pair-Mädchen sowohl die Kinder betreut als auch Hausarbeiten erledigt und sich aus dem Au-pair-Vertrag die Anteile der verschiedenen Aufgaben nicht ergeben, kann nach Rdn. 7 des Schreibens des Bundesfinanzministeriums vom 14. März 2012 der Anteil der Kinderbetreuungskosten aus Vereinfachungsgründen mit 50 Prozent geschätzt werden. Die übrigen 50 Prozent können im Rahmen der Steuerermäßigung nach § 35a EStG geltend gemacht werden (vgl. Seite 164 ff.).

BETREUUNG DURCH ANGEHÖRIGE

Die Betreuung kann auch durch Angehörige erfolgen, allerdings werden Betreuungskosten dafür nur anerkannt, wenn die Angehörigen nicht im selben Haushalt leben wie das betreute Kind. So wurden vom Bundesfinanzhof (Urteil vom

6.11.1997, Az. III R 27/91, BStBl. 1998 S. 187) die Zahlungen an eine Lebenspartnerin und Mutter, die zusammen mit dem Vater und dem gemeinsamen Kind in dessen Haushalt lebte, nicht anerkannt. Der Ersatz der Fahrtkosten einer Großmutter, die auswärts wohnt und kommt, um ihr Enkelkind zu betreuen, kann dagegen nach dem Urteil des Finanzgerichts Baden-Württemberg (9.5.2012, Az. 4K 3278/11) als Kinderbetreuungskosten geltend gemacht werden, wenn die Erstattung auf schriftlicher vertraglicher Grundlage und per Banküberweisung erfolgt.

Tipp
Werden Betreuungskosten an nicht im selben Haushalt lebende Angehörige gezahlt, können diese grundsätzlich geltend gemacht werden. Zu beachten ist allerdings, dass der Angehörige die erhaltenen Beträge gegebenenfalls versteuern muss oder dass ein „Minijob-Verhältnis" begründet werden muss, das zu pauschalen Abgaben in Höhe von bis zu 14,44 Prozent führt. Wenn dem Angehörigen dagegen nur die aufgrund der Betreuung anfallenden Kosten – z. B. Fahrtkosten mit dem eigenen Pkw in Höhe von 0,30 Euro je gefahrenem Kilometer – erstattet werden, erzielt dieser keine steuerpflichtigen Einkünfte.

BERECHNUNGSBEISPIELE

Die Kosten für die Betreuung von zwei Kindern durch eine Tagesmutter betragen im Kalenderjahr insgesamt 15.000 Euro. Begünstigt sind davon grundsätzlich zwei Drittel, also 10.000 Euro, maximal aber 4.000 Euro je Kind. Das heißt, es können Sonderausgaben in Höhe von 8.000 Euro abgezogen werden. Mit anderen Worten sind je Kind und Jahr maximal Betreuungsaufwendungen von 6.000 Euro begünstigt. Wenn die betreuende Person allerdings auch Hausarbeiten wie Aufräumen, Putzen, Essenszubereitung für die Kinder oder Ähnliches erledigt, sind die Kosten aufzuteilen auf die Kinderbetreuung einerseits und die Steuerermäßigung nach § 35a EStG andererseits (siehe unten).

Wenn das Kind im Ausland lebt, wird der Höchstbetrag von 4.000 Euro anhand der Ländergruppeneinteilung des Bundesfinanzministeriums gekürzt. Sind für das Kind nicht im gesamten Kalenderjahr Betreuungskosten angefallen, so erfolgt keine zeitanteilige Kürzung des Höchstbetrags.

Ländergruppeneinteilung

MINDERUNG DER EINKÜNFTE FÜR AUSSERSTEUERLICHE ZWECKE

Kindergartenbeiträge

Häufig bemessen sich Kindergarten- und ähnliche Gebühren nach der Höhe der Einkünfte der Eltern. Obwohl die Kinderbetreuungskosten Sonderausgaben sind und daher steuerlich vom Gesamtbetrag der Einkünfte abgezogen werden, mindern sie die Einkünfte gemäß § 2 Abs. 5a Satz 2 EStG für außersteuerliche Zwecke, so z. B. bei der Bemessung der Kindergartenbeiträge. Durch diese Regelung soll gewährleistet werden, dass vor allem bei berufstätigen Eltern für die Ermittlung der Kindergartenbeiträge nur die Einkünfte berücksichtigt werden, die „unter dem Strich", also nach Abzug der für die Berufstätigkeit notwendigen Betreuungskosten verbleiben.

VOM ARBEITGEBER ÜBERNOMMENE KINDERBETREUUNGSKOSTEN

Steuerbefreiung

Wenn der Arbeitgeber zusätzlich zum Arbeitslohn die Kosten für die Betreuung von nicht schulpflichtigen Kindern seiner Arbeitnehmer in Kindergärten oder ähnlichen Einrichtungen ganz oder teilweise übernimmt, ist dies für den Arbeitnehmer gemäß § 3 Nr. 33 EStG steuerfrei. Unter diese Befreiung fallen insbesondere vom Arbeitgeber gezahlte Zuschüsse für die Betreuung von Kindern in betriebsfremden Kindergärten und der Vorteil aus der kostenlosen Betreuung von Kindern in Betriebskindergärten. Im Gegensatz zum Sonderausgabenabzug ist hier weder ein Höchstbetrag noch eine „Zweidrittel-Rechnung" vorgesehen, sodass diese Steuerbefreiung wesentlich günstiger ist als der Sonderausgabenabzug.

STEUERERMÄSSIGUNG FÜR HAUSHALTSNAHE UND ANDERE DIENSTLEISTUNGEN

15

In einem Haushalt mit Kindern fällt jede Menge Hausarbeit an. Wer zur Erledigung Dienstleistungen Dritter in Anspruch nimmt, kann die Ausgaben beim Finanzamt geltend machen. Auch Handwerkerleistungen können die Steuerlast drücken.

STEUERERMÄSSIGUNG BEDEUTET ABZUG VON DER STEUER

Während Freibeträge oder Sonderausgaben u. a. das Einkommen – also die Bemessungsgrundlage der Einkommensteuer – vermindern, wirkt sich eine Steuerermäßigung als Abzug von der Einkommensteuer selbst aus. Das heißt, es handelt sich praktisch um bares Geld, das der Staat zu den begünstigten Aufwendungen „zuschießt".

Steuerprogression

Daher wirkt sich die Steuerermäßigung gemäß § 35a EStG progressionsunabhängig und damit bei allen Steuerpflichtigen gleich stark aus. Freibeträge oder Sonderausgaben haben dagegen auf Grund der Einkommensteuerprogression eine umso stärkere Auswirkung, je höher das zu versteuernde Einkommen ist, wie sich an der Wechselwirkung zwischen Kindergeld und Kinderfreibetrag zeigt. Lediglich bei Eltern, die gar keine Einkommensteuer zahlen, läuft die Steuerermäßigung ins Leere.

Wer jemanden zur Erledigung von Hausarbeiten im Rahmen eines Minijobs oder als sozialversicherungspflichtig Beschäftigten anstellt oder von Unternehmen haushaltsnahe Dienstleistungen in Anspruch nimmt, kann die Steuerermäßigung gemäß § 35a EStG in Anspruch nehmen.

Begünstigt sind folgende Aufwendungen (Einzelheiten siehe jeweils weiter unten):

- haushaltsnahe Beschäftigungsverhältnisse im Rahmen von Minijobs,
- sozialversicherungspflichtige haushaltsnahe Beschäftigungsverhältnisse,
- haushaltsnahe Dienstleistungen,
- bestimmte Pflege- und Betreuungsleistungen und

- Handwerkerleistungen (nur Arbeitslohn, nicht die Kosten für Baumaterial oder Ähnliches).

Voraussetzung für die Steuerermäßigung ist in allen Fällen, dass dem Finanzamt eine Rechnung des Leistungserbringers vorgelegt wird und die Zahlung auf dessen Konto erfolgt ist. Das ist mit dem Überweisungs- oder Abbuchungsbeleg nachzuweisen.

Tipp
Nur per Bank bezahlte Leistungen sind begünstigt!

Vom Finanzamt nicht anerkannt werden Beschäftigungsverhältnisse zwischen Personen, die im selben Haushalt leben, z.B. zwischen Eltern und im Haushalt lebenden Kindern oder zwischen Partnern einer nicht ehelichen Lebensgemeinschaft. Leben Angehörige dagegen nicht mit im Haushalt, können entsprechende Beschäftigungsverhältnisse anerkannt werden, wenn sie unter fremdüblichen Bedingungen abgeschlossen und durchgeführt werden.

Vorsicht
Verträge mit Familienangehörigen werden nur anerkannt, wenn sie dem Fremdvergleich standhalten. Außerdem muss der Angehörige das erhaltene Entgelt gegebenenfalls versteuern. Ausnahme: Beim Minijob muss der Zahlende zusätzliche Abgaben abführen, mit denen die Steuern des Empfängers abgegolten sind.

WELCHE HAUSHALTSLEISTUNGEN BEGÜNSTIGT SIND

MINIJOBBER ALS HAUSHALTSHILFE, HAUSHALTSSCHECKVERFAHREN

Wenn eine Haushaltshilfe im Rahmen eines Minijobs, also auf „450 Euro-Basis" (im Fachjargon als „geringfügiges Beschäftigungsverhältnis" bezeichnet; bis einschließlich 2012 lag der monatliche Höchstbetrag bei 400 Euro) beschäftigt wird, muss dies ordnungsgemäß bei der Minijob-Zentrale (siehe im Internet unter www.minijob-zentrale.de) angemeldet werden. Zur Erleichterung der korrekten Abwicklung durch den Arbeitgeber sollte das sogenannte Haushaltsscheckverfahren genutzt werden. Dieses ist laut Rdn. 5 des Schreibens des Bundesfinanzministeriums (15.2.2010, BStBl. I S. 783) Voraussetzung für die Steuerermäßigung. Jeder geringfügig Beschäftigte darf nur insgesamt bis zu 450 Euro im Monat verdienen. Wenn er außerdem sozialversicherungspflichtig arbeitet, darf er nur ein einziges geringfügiges Beschäftigungsverhältnis ausüben. Der Arbeitgeber muss monatlich die pauschalen Steuern und Versicherungsbeiträge in Höhe von bis zu 14,44 Prozent der an die Haushaltshilfe gezahlten Vergütung an die Minijob-Zentrale abführen; das heißt wenn 100 Euro ausgezahlt werden, fallen bis zu 14,44 Euro als zusätzliche Kosten an.

Die Steuerermäßigung beträgt gemäß § 35a Abs. 1 EStG 20 Prozent von den gesamten angefallenen Kosten (überwiesene Vergütung plus gezahlte pauschale Abgaben), höchstens aber 510 Euro pro Haushalt und Jahr. Begünstigt sind damit Aufwendungen von insgesamt maximal 2.550 Euro pro Jahr, was 212,50 Euro pro Monat entspricht.

> **Tipp**
> Im Beispiel wurde der Höchstbetrag überschritten, sodass ein Teil der Aufwendungen steuerlich „ins Leere läuft". Wenn der Minijob mit den vollen 14,44 Prozent pauschalen Abgaben belastet ist, wird der Höchstbetrag von 510 Euro bereits mit einer monatlichen Vergütung von rund 186 Euro (bzw. rund 2.230 Euro pro Jahr) voll ausgeschöpft.

Im Rahmen eines Minijobs werden pro Monat 200 Euro an die Haushaltshilfe überwiesen. Zusätzlich fallen pauschale Abgaben an die Minijob-Zentrale in Höhe von 14,44 Prozent = 28,88 Euro pro Monat. Pro Jahr ergeben sich Aufwendungen von (228,88 Euro x 12 =) 2.746,56 Euro. Die Steuerermäßigung ergibt sich in Höhe von (20 Prozent von 2.746,56 Euro =) 549,31 Euro, maximal jedoch 510 Euro. Von der Einkommensteuerschuld des Zahlenden werden also 510 Euro abgezogen.

SOZIALVERSICHERUNGSPFLICHTIGE HAUSHALTSHILFEN

Wenn die Haushaltshilfe sozialversicherungspflichtig beschäftigt wird, beträgt die Steuerermäßigung zwar ebenfalls 20 Prozent, der Höchstbetrag ist aber mit 4.000 Euro pro Haushalt und Jahr wesentlich höher (§ 35a Abs. 2 EStG). Er gilt allerdings nicht nur für diese Beschäftigungsverhältnisse, sondern als gemeinsamer Höchstbetrag auch für haushaltsnahe Dienstleistungen sowie Pflege- und Betreuungsleistungen (siehe unten). Begünstigt sind auch hier sowohl die an die Haushaltshilfe überwiesenen Beträge als auch die zusätzlich gezahlten Sozialbeiträge sowie die einbehaltene und abgeführte Lohnsteuer. Der Höchstbetrag wird voll ausgeschöpft, wenn insgesamt (für Lohn und Sozialbeiträge etc.) 20.000 Euro pro Jahr (entspricht 1.667 Euro pro Monat) gezahlt werden.

HAUSHALTSNAHE DIENSTLEISTUNGEN

Von haushaltsnahen Dienstleistungen spricht man, wenn es sich nicht um die Beschäftigung von Arbeitnehmern handelt, sondern die Hausarbeit von Unternehmen erledigt wird. Beispiele sind Fensterputzer, Reinigungsdienste oder Gartenbaufirmen, die den Garten in Ordnung halten; nicht begünstigt sind dagegen die Kosten für die Neuanlage eines Gartens. Begünstigt können auch Aufwendungen an eine Umzugsfirma fürs Möbelpacken sein.

Voraussetzung für die Ermäßigung ist, dass die Dienstleistung im Haushalt erbracht wird. Bei selbst genutzten und angemieteten Eigentumswohnungen können auch die in der Jahresabrechnung des Hausverwalters ausgewiesenen Dienstleistungen für Gartenpflege, Treppenhausreinigung, Schneeschaufeln und Ähnliches geltend gemacht werden, die auf die Eigentümer/Mieter umgelegt wurden. Diese gelten als im Haushalt erbracht.

Tipp

Auch die in der Nebenkostenabrechnung ausgewiesenen Kosten für haushaltsnahe Dienstleistungen sollten in der Einkommensteuererklärung eingetragen werden!

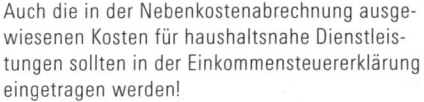

Nicht im Haushalt erbracht und damit nicht begünstigt sind z.B. die Kosten für eine Wäscherei oder chemische Reinigung, für die Zubereitung von Essen durch Catering-Dienste oder für Essen auf Rädern. Ebenfalls nicht begünstigt sind Friseur- oder Kosmetikdienstleistungen (z. B. Fußpflege), auch wenn sie in der eigenen Wohnung und damit innerhalb des Haushalts erbracht werden.

Auch bei haushaltsnahen Dienstleistungen beträgt die Steuerermäßigung 20 Prozent der Aufwendungen. Der Höchstbetrag von 4.000 Euro gemäß § 35a Abs. 2 EStG gilt, wie bereits erwähnt, insgesamt für haushaltsnahe Beschäftigungsverhältnisse, Dienstleistungen sowie Pflege- und Betreuungsleistungen.

BESTIMMTE PFLEGE- UND BETREUUNGSLEISTUNGEN

Begünstigt sind Dienstleistungen zur Grundpflege z. B. bei der Körperpflege, Ernährung und Mobilität sowie Betreuungsleistungen. Ein Nachweis der Pflege- oder Betreuungsbedürftigkeit ist nicht erforderlich.

Eigener Haushalt

Anders als in den bereits genannten Fällen müssen die Pflege- und Betreuungsleistungen nicht im Haushalt der zahlenden Person erbracht werden, sondern können auch im eigenen Haushalt der betreuten oder gepflegten Person erfolgen (§ 35a Abs. 4 EStG). Das heißt, die betreute oder gepflegte Person muss nicht im selben Haushalt leben wie derjenige, der die Aufwendungen trägt und daher die Steuerermäßigung in Anspruch nimmt. So kann beispielsweise ein Sohn oder eine Tochter Aufwendungen geltend machen, die er oder sie an einen Pflegedienst für die Pflege oder Betreuung der Eltern in deren eigenem Haushalt zahlt. Ein eigener Haushalt in diesem Sinne ist auch ein Apartement in einem Altenwohnheim oder -stift. Voraussetzung ist lediglich, dass es sich um eine abgeschlossene Wohneinheit mit Bad und Kochgelegenheit handelt. Begünstigt sind neben Pflegeleistungen auch Hausarbeiten wie Putzen oder Wäschepflege (soweit im eigenen Haushalt!) und auch die Begleitung zu Arztbesuchen oder zum Einkaufen sowie kleinere Botengänge, z. B. zur Apotheke oder Ähnliches.

Tipp

Aufgrund der Rentenfreibeträge kann es vorkommen, dass Rentner keine Einkommensteuer zahlen, obwohl ihre Rente erheblich über dem steuerlichen Existenzminimum liegt. Zahlen sie dann selbst für Pflege- oder Betreuungsleistungen, die in ihrem eigenen Haushalt anfallen, kann die Steuerermäßigung nicht genutzt werden. Werden die Pflege- oder Betreuungsleistungen dagegen von ihren erwerbstätigen Kindern getragen, können diese die Steuerermäßigung geltend machen.

Die Steuerermäßigung beträgt auch hier 20 Prozent der Aufwendungen. Maximal werden aber 4.000 Euro für alle haushaltsnahen Beschäftigungsverhältnisse, Dienstleistungen, Pflege- und Betreuungsleistungen insgesamt gewährt.

KINDERBETREUUNGSKOSTEN NUR ALS SONDERAUSGABEN ABZIEHBAR

Von der Steuerermäßigung ausgeschlossen ist die Betreuung von Kindern (§ 35a Abs. 5 EStG). Hierfür hat der Abzug als Sonderausgabe nach § 10 Abs. 1 Nr. 5 EStG Vorrang. Eine Wahlmöglichkeit zwischen den beiden Vorschriften besteht nicht. Deshalb ist es auch nicht möglich, für das nach § 10 Abs. 1 Nr. 5 EStG nicht begünstigte Drittel der Kinderbetreuungskosten die Steuerermäßigung nach § 35a EStG geltend zu machen. Wenn eine Person – z. B. eine sozialversicherungspflichtig beschäftigte Hausangestellte – sowohl Hausarbeiten erledigt als auch die Kinder betreut, sind die Aufwendungen für die Anwendung der beiden Vorschriften aufzuteilen. Wird bei Au-pair-Mädchen der Umfang der Kinderbetreuungskosten nicht nachgewiesen, so kann nach Rn. 31 des Schreibens des Bundesfinanzministeriums vom 15. Februar 2010 (IV C 4 – S 2296 – b/07/0003, BStBl. I S. 783) die Hälfte der Aufwendungen nach § 35a EStG geltend gemacht werden; die andere Hälfte fällt entsprechend unter § 10 Abs. 1 Nr. 5 EStG.

STEUERERMÄSSIGUNG WIRKT UNABHÄNGIG VON PROGRESSION

Da bei den Kinderbetreuungskosten zwei Drittel der Aufwendungen begünstigt sind und hier der Abzug nicht von der Steuer, sondern von der Bemessungsgrundlage erfolgt, während bei der Steuermäßigung die Steuerschuld um 20 Prozent der gezahlten Aufwendungen vermindert wird, hängt die Entscheidung für die günstigere Regelung vom Grenzsteuersatz ab. Dieser wiederum ergibt sich aus dem zu versteuernden Einkommen und steigt auf Grund der Progression mit zunehmendem Einkommen an.

Grenzsteuersatz

1.000 Euro Aufwendungen führen nach § 35a EStG zu einer Steuerminderung von 200 Euro. Wenn es sich um reine Kinderbetreuungskosten handelt, wirken sich zwei Drittel der

Aufwendungen, also 667 Euro als Sonderausgaben aus. Der Abzug als Kinderbetreuungskosten ist also dann günstiger, wenn der Grenzsteuersatz mindestens 30 Prozent beträgt (200 Euro : 667 Euro = 29,98 Prozent). Bei Verheirateten ist dies ab einem zu versteuernden Einkommen von rund 70.000 Euro der Fall, bei Alleinstehenden ab rund 40.000 Euro. Liegt das zu versteuernde Einkommen unter den genannten Beträgen, so ist die Steuerermäßigung günstiger. Allerdings sind zusätzlich die jeweiligen Höchstbeträge zu berücksichtigen: Mit Aufwendungen von 6.000 Euro pro Kind und Jahr wird die Abzugsmöglichkeit als Kinderbetreuungskosten vollständig ausgenutzt. Die Steuerermäßigung für haushaltsnahe Dienstleistungen ist mit 20.000 Euro je Haushalt und Jahr (für alle entsprechenden sozialversicherungspflichtigen Beschäftigungsverhältnisse bzw. Dienstleistungen etc.) vollständig ausgeschöpft, die für Minijobs im Haushalt mit 2.550 Euro pro Haushalt und Jahr (20 Prozent von 2.550 Euro = 510 Euro). Aufwendungen, die das jeweilige Maximalvolumen übersteigen, laufen jeweils ins Leere.

STEUERERMÄSSIGUNG FÜR HANDWERKERLEISTUNGEN

Für Handwerkerleistungen gibt es einen eigenständigen, in § 35a Abs. 3 EStG geregelten Steuerabzug. Dieser beträgt 20 Prozent des in den Rechnungen enthaltenen Arbeitslohnes, höchstens aber 1.200 Euro pro Haushalt und Jahr. Bei Maßnahmen, für die Material- und Arbeitsaufwand angefallen ist, muss der Arbeitslohn vom Handwerker separat ausgewiesen sein. Gegebenenfalls muss eine entsprechende Rechnung angefordert werden. Zu beachten ist, dass auch die auf den Arbeitsaufwand entfallende Umsatzsteuer begünstigt ist. Wenn der Arbeitslohn in der Rechnung nur „netto" ausgewiesen ist, muss der dort angegebene Betrag um 19 Prozent Umsatzsteuer erhöht werden.

Begünstigte Handwerkerleistungen in diesem Sinne sind Renovierungs-, Erhaltungs- und Modernisierungsmaßnahmen, die im Haushalt des Steuerpflichtigen anfallen, z. B. Malerarbeiten, Reparaturen an Dach, Heizung (auch für Schornsteinfeger) oder sanitären Einrichtungen. Nicht begünstigt sind dagegen Neubau- oder Erweiterungsmaßnahmen, z. B. für eine Aufstockung oder den Ausbau eines bisher nicht genutzten Dachgeschosses. Ob die Arbeiten im eigenen Haus bzw. der eigenen Wohnung oder in einer angemieteten Immobilie anfallen, ist egal. Bei eigen genutzten und angemieteten Eigentumswohnungen können auch die in der Jahresabrechnung des Hausverwalters entsprechend ausgewiesenen Handwerkerleistungen (anteilig) geltend gemacht werden.

ZUSAMMENFASSENDER ÜBERBLICK ÜBER DIE STEUERERMÄSSIGUNG NACH § 35A ESTG

Art der Haushaltshilfe/Dienstleistung	Abzug von der Steuerschuld	Höchstbetrag pro Haushalt und Jahr	begünstigtes Volumen pro Haushalt und Jahr
geringfügige Beschäftigung („450 Euro")	20 Prozent der Aufwendungen (incl. pauschaler Abgaben)	510 Euro	2.550 Euro
sozialversicherungspflichtige Beschäftigung			
haushaltsnahe Dienstleistung, das heißt Zahlung an ein Unternehmen	20 Prozent der Aufwendungen (incl. evtl. Arbeitgeberbeiträge etc.)	4.000 Euro	20.000 Euro
Pflegedienstleistung, Zahlung an ein Unternehmen (z.B. Pflegedienst)			
Handwerkerleistung	20 Prozent des Arbeitslohns laut Rechnung	1.200 Euro	6.000 Euro

Kontoüberweisung erforderlich

Die Höchstbeträge sind haushaltsbezogen, das heißt sie gelten unabhängig davon, wie viele Personen im Haushalt leben bzw. ob Ehegatten oder Alleinstehende veranlagt werden. Die verschiedenen oben genannten Höchstbeträge können von einem Haushalt parallel nebeneinander in Anspruch genommen werden. Alle Zahlungen müssen auf Grund von ordnungsgemäßen Rechnungen und auf Konten der Empfänger geleistet werden.

BILDUNGSKOSTEN

16

Der Ausbildungsfreibetrag ermöglicht es, den Zusatzbedarf für die auswärtige Unterbringung von volljährigen Kindern während ihrer Berufsausbildung als außergewöhnliche Belastung abzuziehen. Sind Kinder älter als 25 Jahre und noch in der Ausbildung, können Eltern Unterhaltsaufwendungen bis zum Höchstbetrag von 8.004 Euro steuerlich geltend machen.

SCHULGELD FÜR PRIVATSCHULEN

Wenn den Eltern Kosten für die Vermittlung von besonderen Fähigkeiten, z. B. künstlerischer Art oder auch Kosten für Nachhilfeunterricht oder Sprachkurse, entstehen, können sie diese nicht steuerlich abziehen, da die Ausbildungskosten bereits mit dem Kindergeld bzw. Kinderfreibetrag abgegolten sind.

Höchstbetrag

Von diesem Grundsatz gibt es nur eine Ausnahme: Die Kosten für den Besuch einer staatlich anerkannten allgemein- oder berufsbildenden Privatschule sind gemäß § 10 Abs. 1 Nr. 9 EStG zu 30 Prozent als Sonderausgaben abziehbar, allerdings begrenzt auf einen jährlichen Höchstbetrag von 5.000 Euro je Kind. Begünstigt ist nur das reine Schulgeld, nicht dagegen die Aufwendungen, die für die Unterkunft und Verpflegung oder die Betreuung des Kindes anfallen. Letztere können allerdings als Kinderbetreuungskosten gemäß § 10 Abs. 1 Nr. 5 EStG abgezogen werden (siehe S. 156 ff.). Wichtig ist daher eine Rechnung der Schule, in der die genannten Positionen separat aufgeführt sind.

Die Privatschule muss sich nicht im Inland befinden; ausländische Schulen sind allerdings nur begünstigt, wenn sie in einem EU-Staat oder in einem Staat des Europäischen Wirtschaftsraumes liegen und auf einen in Deutschland anerkannten Abschluss vorbereiten oder wenn es sich um deutsche Schulen im Ausland handelt.

Studiengebühren

Wenn Eltern für ihre Kinder Studiengebühren an Universitäten oder andere Hochschulen zahlen, können sie diese nicht steuerlich abziehen. Theoretisch möglich wäre hierfür sowie für andere Ausbildungskosten des Kindes der Sonderausgabenabzug beim Kind selbst (§ 10 Abs. 1 Nr. 7 EStG), dieser läuft aber meistens wegen zu geringer Einkünfte des Kindes steuerlich ins Leere.

AUSBILDUNGSFREIBETRAG

Je älter Kinder werden, umso mehr kosten sie, besonders wenn sie eine lange Ausbildung absolvieren. Grundsätzlich sind auch diese teilweise extrem hohen Ausbildungskosten mit dem Kindergeld bzw. Kinderfreibetrag abgegolten. Eine Ausnahme bildet der Zusatzbedarf für die auswärtige Unterkunft von volljährigen, in Berufsausbildung befindlichen Kindern. Dieser Zusatzbedarf kann aber leider nicht in Höhe der tatsächlichen Kosten geltend gemacht werden, sondern nur in Form eines Freibetrags von jährlich 924 Euro pro Kind als außergewöhnliche Belastung abgezogen werden (§ 33 Abs. 2 EStG).

Tipp
Der Ausbildungsfreibetrag von 924 Euro deckt offensichtlich nicht die tatsächlich anfallenden Kosten der auswärtigen Unterbringung ab. Gegen die zu niedrige Abzugsmöglichkeit dieser Aufwendungen ist eine Verfassungsbeschwerde anhängig (Aktenzeichen beim Bundesverfassungsgericht 2 BvR 451/11). Einkommensteuerbescheide sollten bis zur Entscheidung offen gehalten werden.

VORAUSSETZUNGEN FÜR DEN AUSBILDUNGSFREIBETRAG

Voraussetzung ist, dass das Kind volljährig ist und dass ein Anspruch auf Kindergeld/-freibetrag für das Kind besteht. Für die Frage, was alles Berufsausbildung in diesem Sinne ist, gelten dieselben Grundsätze wie beim Kindergeld. Weitere Voraussetzung ist die auswärtige Unterbringung des Kindes. Auch in einer Eigentumswohnung, die den Eltern gehört, kann eine auswärtige Unterbringung vorliegen, und zwar dann, wenn das Kind dort einen selbstständigen Haushalt führt. Lebt das Kind im Haushalt eines Elternteils, gilt dies nicht als auswärtige Unterbringung. Darüber hinaus muss die auswärtige Unterbringung längere Zeit dauern, laut Bundesfinanzhof genügen z. B. eine Klassenfahrt, ein dreiwöchiger Sprachkurs oder eine vorübergehende Abwesenheit wegen eines Hochschulpraktikums nicht.

Auswärtige Unterbringung

Geminderter Freibetrag

Wenn das Kind in einem Jahr nur zeitweise die Voraussetzungen für den Freibetrag erfüllt, wird „gezwölftelt", das heißt der Freibetrag vermindert sich für jeden Monat, in dem die Voraussetzungen nicht erfüllt sind, um 77 Euro. Bei im Ausland lebenden Kindern wird der Freibetrag nach der Ländergruppeneinteilung des Bundesfinanzministeriums entsprechend den Preisverhältnissen des Wohnsitzstaates gekürzt.

BESONDERHEITEN BEI GETRENNT LEBENDEN ELTERN

Tipp
Getrennt lebende Eltern sollten sich über den Freibetrag einigen!

Bei getrennt lebenden Eltern steht der Freibetrag grundsätzlich jedem Elternteil zur Hälfte zu. Gemeinsam können die Eltern eine andere Aufteilung beantragen. Dies kann sinnvoll sein, wenn die Einkommen der Eltern unterschiedlich hoch sind. In diesem Fall ist es sinnvoll, den Freibetrag vollständig auf den Elternteil zu verlagern, der das höhere Einkommen und damit den höheren Grenzsteuersatz hat, weil es dann zu einer höheren Steuerersparnis kommt.

KINDER, DIE DIE ALTERSGRENZE FÜR DAS KINDERGELD ÜBERSCHRITTEN HABEN UND NOCH IN DER AUSBILDUNG SIND

Älter als 25

Vor einigen Jahren wurde die Altersgrenze für Kindergeld/Kinderfreibetrag von damals 27 auf jetzt 25 Jahre gesenkt. Begründet wurde dies unter anderem mit der Verkürzung der Gymnasialschulzeit und der Bologna-Reform an den Hochschulen. Innerhalb der jetzt gültigen Altersgrenze allerdings ein Medizinstudium oder auch bestimmte Master-Studiengänge abzuschließen, schaffen wohl die Wenigsten.

ABZUG VON UNTERHALTSAUFWENDUNGEN

Zwar besteht nach Überschreiten der Altersgrenze kein Anspruch mehr auf Kindergeld bzw. Kinderfreibeträge, aber die tatsächlich von den Eltern getragenen Aufwendungen können von diesen als außergewöhnliche Belastungen nach § 33a Abs. 1 EStG abgezogen werden. Begrenzt ist der Abzug auf einen Höchstbetrag von 8.004 Euro pro Empfänger und Jahr. Voraussetzungen für den Abzug sind

- für das unterstützte Kind darf kein Anspruch auf Kindergeld/-freibetrag bestehen und
- das Kind darf kein oder nur ein geringes eigenes Vermögen haben.

Als geringes Vermögen gilt ein Geldbetrag von bis zu 15.500 Euro. Darüber hinaus darf das unterstützte Kind eine angemessene eigene Wohnung besitzen. Die geleisteten Unterhaltsaufwendungen können anhand von Überweisungsbelegen oder Ähnlichem nachgewiesen werden.

Tipp
Wenn das Kind zum Haushalt der Eltern gehört, ist kein Nachweis erforderlich, da davon ausgegangen wird, dass die Eltern in diesem Fall Aufwendungen in Höhe von mindestens 8.004 Euro tragen (vgl. R 33a.1 Abs. 1 Satz 5 EStR).

KRANKENVERSICHERUNGSBEITRÄGE SIND ZUSÄTZLICH ZUM HÖCHSTBETRAG ABZIEHBAR

Der Höchstbetrag von 8.004 Euro erhöht sich um die für die „Basis"-Krankenversicherung des Kindes aufgewendeten Beiträge; es spielt keine Rolle, ob sie vom Kind selbst oder von den Eltern bezahlt wurden. Haben allerdings die Eltern als Versicherungsnehmer selbst die Krankenversicherung für das Kind abgeschlossen, so ziehen sie die entsprechenden Basis-Krankenversicherungsbeiträge nicht als Unterhaltsaufwendungen, sondern als Vorsorgeaufwendungen ab (siehe nächstes Kapitel auf Seite 183); der Höchstbetrag von 8.004 Euro erhöht sich in diesem Fall nicht. Gegebenenfalls müssen die Krankenversicherungsbeiträge anhand der entsprechenden Bescheinigung der Versicherung in Basis- und Nicht-Basis-Absicherung aufgeteilt werden.

Tipp
Vergessen Sie nicht, die Krankenversicherungsbeiträge des unterhaltenen Kindes einzutragen!

EIGENE EINKÜNFTE UND BEZÜGE DES KINDES VERMINDERN DEN HÖCHSTBETRAG

Wenn das Kind über eigene Einkünfte und/oder Bezüge von mehr als 624 Euro im Kalenderjahr verfügt, wird der Höchstbetrag von 8.004 Euro um die 624 Euro übersteigenden Einkünfte oder Bezüge gekürzt.

Das Kind hat eigene Einkünfte/Bezüge von 2.000 Euro im Jahr. Dies führt zur Kürzung des Höchstbetrags um (2.000 Euro – 624 Euro =) 1.376 Euro. Die Eltern können Unterhaltsleistungen von maximal (8.004 Euro – 1.376 Euro) 6.628 Euro geltend machen, zuzüglich der von ihnen für das Kind gezahlten Basis-Krankenversicherungsbeiträge.

Freibetrag

Erhält das Kind BAföG oder ein Stipendium aus öffentlichen Mitteln oder von einer Einrichtung, die ihrerseits in den Genuss öffentlicher Förderung kommt, so wird der Höchstbetrag ebenfalls vermindert. Allerdings wird dabei der anrechnungsfreie Betrag von 624 Euro nicht gewährt. Bei BAföG-Empfängern ist zu berücksichtigen, dass nur der Zuschuss, nicht dagegen der Darlehensanteil angerechnet wird.

Einkünfte im Sinne der Vorschrift sind u.a.

- Arbeitslohn (aus Nebenjob oder aus einem Ausbildungsdienstverhältnis),
- Renten (z.B. bei Halbwaisen),
- Einkünfte aus der Vermietung von Wohnungen oder
- aus einer selbstständigen oder gewerblichen Tätigkeit des Kindes.

Nicht als Einkünfte zu berücksichtigen sind Zinseinnahmen und andere Kapitaleinkünfte, die der Abgeltungsteuer unterlegen haben (§ 2 Abs. 5b EStG). Bei der Ermittlung der Einkünfte sind Betriebsausgaben oder Werbungskosten abzuziehen. Für

Arbeitnehmer kommt mindestens der Arbeitnehmer-Pauschbetrag von 1.000 Euro pro Jahr zum Abzug.

Anzurechnende Bezüge sind u.a.

- steuerfreie Renten (z. B. aus der gesetzlichen Unfallversicherung),
- Arbeitslosengeld II und andere Sozialleistungen (z. B. Wohngeld),
- Ausbildungshilfen (BAföG-Zuschuss sowie bestimmte Stipendien),
- Sachbezüge und Taschengeld von Au-pair-Mädchen,
- Einnahmen aus Minijobs.

Nicht anzurechnende Bezüge sind u.a.

- Aufwandsentschädigungen gemäß § 3 Nr. 26 EStG (sogenannter Übungsleiter-Freibetrag),
- im Rahmen einer Entgeltumwandlung gezahlte Altersvorsorgeaufwendungen,
- der Mindestbetrag des Elterngeldes (300 Euro je Kind).

Weitere Beispiele finden sich in den Einkommensteuerrichtlinien und -hinweisen (vgl. H 32.10 EStH). Bei der Ermittlung der Bezüge kann eine Kostenpauschale in Höhe von 180 Euro pro Jahr abgezogen werden.

Einkommensteuerrichtlinie

Wenn die Voraussetzungen für den Abzug der Unterhaltsleistungen im Verlauf des Jahres nur teilweise erfüllt sind, vermindert sich der Höchstbetrag für jeden Monat, in dem die Voraussetzungen nicht vorliegen, um ein Zwölftel (= 667 Euro).

WELCHE STUDIENKOSTEN DAS KIND SELBST ABZIEHEN KANN

Abzugsverbot

Das Motiv für eine Berufsausbildung ist in der Regel, dass man mit dem angestrebten Abschluss Einkünfte erzielen möchte. Demnach wären Aufwendungen für die eigene Aus- und Fortbildung grundsätzlich als Werbungskosten abziehbar. Wenn während der Berufsausbildung noch keine oder nur geringe Einkünfte erzielt werden, würden sich so – insbesondere bei einem Hochschulstudium – hohe Werbungskostenüberschüsse ergeben, die als Verlustvorträge angesammelt und später von den nach Abschluss der Ausbildung erzielten Einkünften abgezogen werden könnten. Der Bundesfinanzhof hatte in vergleichbaren Fällen diese Möglichkeit bejaht, woraufhin das Einkommensteuergesetz (§ 9 Abs. 6 EStG) um ein spezielles Abzugsverbot ergänzt wurde. Demnach sind bei der ausgebildeten Person folgende Kosten nicht als vorweggenommene Werbungskosten abziehbar:

- Kosten einer erstmaligen Berufsausbildung, bei der keine Einkünfte erzielt werden, und
- Kosten eines Erststudiums, das gleichzeitig eine Erstausbildung darstellt und kein Ausbildungsdienstverhältnis ist.

Werbungskosten

Im Umkehrschluss ergibt sich, dass Werbungskosten vorliegen, wenn das Kind nach einer abgeschlossenen Berufsausbildung ein Erststudium aufnimmt oder wenn es im Anschluss an ein Erststudium weiter studiert. Ausführliche Informationen zur Entwicklung der Rechtsprechung und Gesetzgebung im Internet unter www.finanztip.de/recht/steuerrecht/ausbildungskosten.htm.

Damit der Werbungskostenüberhang beim Finanzamt aktenkundig wird, muss ein Einkommensteuerformular ausgefüllt und eingereicht werden, in dem die Feststellung des Verlustvortrages beantragt wird. Hiermit kann sich das Kind allerdings Zeit lassen: Die Festsetzungsfrist beträgt vier Jahre, sodass z. B. für das Jahr 2012 die Verlustfeststellung noch bis zum 31. Dezember 2016 beantragt werden kann. Die Werbungskosten sind beim Kind abziehbar, auch wenn sie aus wirtschaftlicher Sicht von den Eltern im Rahmen ihrer Unterhaltsverpflichtung getragen und gemäß § 33a Abs. 1 EStG steuerlich geltend gemacht wurden.

Tipp
Wenn ein Kind die genannten Voraussetzungen erfüllt, wird z. B. nach einem Bachelor-Abschluss ein Master-Studium absolviert oder zunächst ein Berufsabschluss im Dualen System erworben und erst danach ein Studium aufgenommen, sollte dieses Kind unbedingt darauf hingewiesen werden, alle Belege über die mit dem Studium zusammenhängenden Aufwendungen zu sammeln.

Einige Experten äußern Zweifel an der Verfassungsmäßigkeit des oben beschriebenen Verbotes (§ 9 Abs. 6 EStG), Werbungskosten für ein Erststudium oder eine Erstausbildung abzuziehen. Mittlerweile sind zwei entsprechende Verfahren beim Bundesfinanzhof anhängig (Az VI R 2/12 und VI R 8/12), sodass Werbungskostenüberschüsse beim Finanzamt geltend gemacht werden können und ein Ruhen des Verfahrens beantragt werden kann.

17 VORSORGEAUFWENDUNGEN BEI FAMILIEN

Je größer die Familie wird, desto wichtiger ist es, vorzusorgen. Gut, dass entsprechende Versicherungsbeiträge zumindest teilweise steuerlich abziehbar sind: Hierzu zählen Beiträge zur Kranken- und Pflegeversicherung, Vorsorgeaufwendungen zum Beispiel für Berufsunfähigkeitsversicherungen oder Beiträge für Riester- sowie Rürup-Verträge zur Altersvorsorge.

VOLL ABZIEHBARE KRANKEN- UND PFLEGEVERSICHERUNGSBEITRÄGE

Da sie existenziell notwendig ist, nehmen die Krankenversicherung und die Pflegepflichtversicherung eine Sonderstellung ein: Die Beiträge, die für den sogenannten Basisschutz erforderlich sind, können auf jeden Fall in voller Höhe abgezogen werden. Bei gesetzlich Versicherten ergeben sich die „Basis"-Krankenversicherungsbeiträge, indem die entrichteten Arbeitnehmerbeiträge um vier Prozent vermindert werden. Der Grund für diese Minderung ist, dass gesetzlich Versicherte durch ihre Beiträge nicht nur Ansprüche auf medizinische Behandlungen etc. erwerben, sondern auch auf Krankengeld. Soweit die Beiträge auf den Krankengeldanspruch entfallen, sieht der Gesetzgeber sie aber nicht als existenznotwendig an, sodass sie bei der Ermittlung der „Basis"-Krankenversicherungsbeiträge – pauschaliert in Höhe von vier Prozent – abzuziehen sind.

Tipp

In der Anlage Vorsorgeaufwand sind die gesamten Arbeitnehmer-Beiträge einzutragen; die Minderung um vier Prozent wird vom Finanzamt vorgenommen.

Bei den Beiträgen zur Pflegepflichtversicherung wird keine Minderung vorgenommen, sondern sie sind stets in voller Höhe abziehbar. Dies gilt allerdings nicht für Beiträge zu einer zusätzlichen freiwilligen Pflegeversicherung. Diese können aber unter Umständen bei Steuerpflichtigen, die nach dem 31. Dezember 1957 geboren sind, im Rahmen eines besonderen Höchstbetrags berücksichtigt werden und sollten daher unbedingt in das dafür vorgesehene Feld (Zeile 36 der Anlage Vorsorgeaufwand) eingetragen werden.

Die Kranken- und Pflegeversicherungsbeiträge für Kinder mit Anspruch auf Kindergeld bzw. Kinderfreibeträge können gemäß § 10 Abs. 1 Nr. 3 Satz 2 EStG von deren Eltern wie eigene Beiträge und damit voll abgezogen werden. Dies gilt auch für eigene Beiträge der Kinder, die diese als Arbeitnehmer – z.B. aufgrund eines Ausbildungsdienstverhältnisses – zahlen. Voraussetzung für den Abzug bei den Eltern ist allerdings, dass diese den Kindern die Beiträge erstatten. Dies ist ratsam, weil sich die Beiträge bei den Eltern aufgrund des progressiven Einkommensteuertarifs in der Regel wesentlich günstiger auswirken als bei den Kindern selbst, die häufig gar keine oder nur eine geringe Lohnsteuer zahlen.

SONSTIGE VORSORGEAUFWENDUNGEN

Höchstbetragsberechnung

Privat Krankenversicherte tragen den Teil ihrer Beiträge, der den sogenannten Basisschutz übersteigt, in Zeile 35 der Anlage Vorsorgeaufwand ein. Dieser wird in der komplizierten Höchstbetragsberechnung genauso behandelt wie die „sonstigen" Vorsorgeaufwendungen.

„Sonstige" Vorsorgeaufwendungen in diesem Sinne sind Beiträge zu

- Unfall-,
- Haftpflicht-,
- Arbeitslosen-,
- Berufsunfähigkeits-,
- Risikolebens- und
- Rentenversicherungen (ohne besondere staatliche Förderung) mit oder ohne Kapitalwahlrecht.

Vorsorgeaufwand

Diese sind in die entsprechend bezeichneten Felder (Zeilen 44 bis 50) der Anlage Vorsorgeaufwand einzutragen und wirken sich in vielen Fällen aufgrund der Höchstbetragsberechnung steuerlich nicht aus. Da es aber für unterschiedliche Fälle verschiedene Varianten dieser Höchstbetragsberechnung gibt, die der Laie nicht überblicken kann, sollten auch diese Beiträge (und entsprechende Erstattungen) sorgfältig in die dafür vorgesehenen Felder eingetragen werden.

GEFÖRDERTE ALTERSVORSORGE-AUFWENDUNGEN

Steuerlich besonders gefördert werden folgende Altersvorsorgebeiträge:

- die Riester-Rentenbeiträge und
- die Rürup-Rentenbeiträge.

Beide sind nur begünstigt, wenn es sich um zertifizierte Verträge handelt und wenn die Vertragsdaten in elektronischer Form ans Finanzamt übermittelt werden.

Tipp
Da es kaum zu überblicken ist, ob die Zulage oder der Sonderausgabenabzug günstiger ist, sollte die Anlage AV immer mit eingereicht werden. Nachteile können hierdurch nicht entstehen, da das Finanzamt verpflichtet ist, die für den Steuerpflichtigen günstigere Wahl zu treffen.

Riesterbeiträge werden durch Zulagen für die jeweils einsparende Person und deren Kinder (siehe Seite 118 f.) staatlich gefördert. Parallel hierzu wird für Riesterbeiträge bis zu 2.100 Euro pro Jahr (= einschließlich der gewährten Zulagen) ein Abzug als Sonderausgabe gewährt. Hierfür sind die Beiträge in der Anlage AV (Zeile 8) einzutragen. Das Finanzamt prüft dann im Rahmen der sogenannten Günstigerprüfung, ob der Sonderausgabenabzug günstiger ist als die Zulagen.

Für Rürupbeiträge gibt es keine staatlichen Zulagen; sie werden nur durch den Abzug als Sonderausgaben gefördert. Im Gegensatz zu den Riesterbeiträgen, die bis zu 2.100 Euro im Jahr zu 100 Prozent abziehbar sind, war im Jahr 2012 für Rürup-Beiträge nur ein Abzug von 74 Prozent der Beiträge möglich. Der Prozentsatz steigt von Jahr zu Jahr um zwei Prozentpunkte und beträgt somit für 2013 z. B. 76 Prozent.

Tipp
Riester- und Rürup-Produkte sind in etwa vergleichbar. Für Steuerpflichtige, die die Voraussetzungen für die Riester-Förderung erfüllen, ist diese „erste Wahl", weil die Beiträge voll abziehbar sind. Erst wenn das Riester-Volumen ausgeschöpft ist, sollte ein Rürup-Vertrag – mit nur teilweise abziehbaren Beiträgen – abgeschlossen werden.

18 KRANKHEITS- UND ÄHNLICHE KOSTEN BEI FAMILIEN

Grundsätzlich können Kosten, die Steuerpflichtigen auf Grund von Krankheit und/oder Körperbehinderung entstehen, gemäß § 33 EStG als außergewöhnliche Belastungen vom Gesamtbetrag der Einkünfte abgezogen werden.

WAS KRANKHEITSKOSTEN SIND

Krankheitskosten sind Aufwendungen, Eigenanteile bzw. Zuzahlungen für

- ärztliche Behandlungen,
- Medikamente,
- Heilbehandlungen wie Physiotherapie oder Logopädie,
- Hilfsmittel wie Brillen, Kontaktlinsen oder Hörgeräte,
- Zuzahlungen bei Krankenhausaufenthalten,
- sogenannte IGeL-Leistungen, die von Ärzten privat abgerechnet werden, wie z. B. besondere Augenuntersuchungen,
- Heilpraktiker.

Abziehbar ist immer nur der vom Steuerpflichtigen selbst getragene Aufwand. Das heißt, Erstattungen von Krankenversicherungen oder der Beihilfe (bei Beamten) müssen von den entstandenen Kosten abgezogen werden. Dies gilt auch, wenn die Erstattung dem Steuerpflichtigen erst im folgenden Jahr zufließt. Versäumt es der Steuerpflichtige, zustehende Erstattungsansprüche geltend zu machen, so ist kein Abzug dieser – dann von ihm selbst getragenen – Beträge möglich.

Zusätzlich zu den reinen Krankheitskosten können auch die Fahrtkosten zum Arzt, Heilpraktiker oder zu Behandlungen abgezogen werden, bei öffentlichen Verkehrsmitteln in Höhe der entstandenen Kosten laut Beleg, bei Fahrten mit dem Auto in Höhe von 0,30 Euro je gefahrenem Kilometer.

Tipp

Unter Umständen können auch Besuchsfahrten zu einem für längere Zeit im Krankenhaus liegenden Ehegatten oder Kind geltend gemacht werden. Voraussetzung hierfür ist ein Attest des behandelnden Krankenhausarztes, in dem bestätigt wird, dass die Besuche entscheidend zur Heilung oder Linderung der Krankheit beitragen können (§ 64 Abs. 1 Nr. 3 EStDV).

WIE DER NACHWEIS ZU ERBRINGEN IST

Der Nachweis der Kosten erfolgt durch entsprechende Belege; zusätzlich sollten Verordnungen von Ärzten oder Heilpraktikern vorgelegt werden. Ausreichend ist auch der Nachweis der teilweisen Erstattung durch die Krankenversicherung oder – bei Beamten – die Beihilfe. Für Brillen oder Kontaktlinsen genügt die einmalige Feststellung der Notwendigkeit einer Sehhilfe durch einen Augenarzt; später reicht der Beleg des Augenoptikers.

Vorsicht
Bei Kuren oder bestimmten Behandlungen rechtzeitig ein amtsärztliches (oder gleichwertiges) Attest einholen!

Neben Krankheitskosten können auch die Kosten für Heilkuren berücksichtigt werden, allerdings nur unter bestimmten Voraussetzungen: Hier muss gemäß § 64 Abs. 1 Nr. 2 EStDV vor Beginn der Kur ein amtsärztliches Attest eingeholt werden, in dem die Notwendigkeit der Kur, bei Klimakuren auch der medizinisch angezeigte Kurort und die voraussichtliche Kurdauer bescheinigt werden. Alternativ genügen entsprechende Bescheinigungen des medizinischen Dienstes, der Versicherungsanstalt (bei Pflichtversicherten) oder der Beihilfestelle (bei Beamten).

Ärztliches Attest

Ein ähnliches Attest ist vor Beginn einer psychotherapeutischen Behandlung, vor dem Kauf von medizinischen Hilfsmitteln, die als Gebrauchsgegenstände des täglichen Lebens anzusehen sind, oder vor Beginn einer wissenschaftlich nicht anerkannten Therapie wie z. B. einer Frischzellen- oder Eigenbluttherapie einzuholen. Laut Bundesfinanzhof (Urteil vom 2. September 2010, BStBl. 2011 II S. 119) gilt für sogenannte Außenseitermethoden allerdings eine Ausnahme von der Pflicht zur Vorlage eines solchen Attestes, wenn eine „notstandsähnliche Situation" (im Urteilsfall eine schwere Krebserkrankung in fortgeschrittenem Stadium) vorliegt und die Behandlung von einem Arzt oder Heilpraktiker vorgenommen wird.

AUSWÄRTIGE UNTERBRINGUNG VON KINDERN/SCHULGELD

Abziehbar sind auch Kosten für die auswärtige Unterbringung eines Kindes, das an Legasthenie, Asthma oder einer Behinderung leidet. Auch hier muss vorher ein entsprechendes Attest ausgestellt werden. Handelt es sich hierbei um eine Privatschule, so kann das Schulgeld ebenfalls als außergewöhnliche Belastung geltend gemacht werden, wenn keine geeignete öffentliche Schule in zumutbarer Weise erreichbar ist und dies von der zuständigen obersten Landeskultusbehörde bescheinigt wird (R 33.4 Abs. 2 EStR).

GEBURTS-/ADOPTIONSKOSTEN

Ebenfalls abziehbar sind nicht von der Krankenversicherung getragene Geburtskosten (= Kosten der Entbindung). Obwohl auch bei der Adoption eines Kindes hohe Kosten anfallen können, sind diese laut Bundesfinanzhof (Urteil vom 20. März 1987, BStBl. II S. 596) nicht als außergewöhnliche Belastungen abziehbar. Im Gegensatz dazu sind die Aufwendungen für eine künstliche Befruchtung, mit der ein Ehepaar versucht, seinen Kinderwunsch zu realisieren, begünstigt. Dies gilt auch, wenn das Paar zwar nicht verheiratet ist, aber eine fest gefügte Partnerschaft vorliegt und der Mann die Vaterschaft anerkennen will. Nach aktueller Rechtsprechung des Bundesfinanzhofs (Urteil vom 16.12.2010, Az. VI R 43/10, BStBl. II 2011 S. 414) sind auch die Kosten für eine sogenannte heterologe künstliche Befruchtung, die mit dem Samen eines Dritten vorgenommen wird, weil der Mann zeugungsunfähig ist, abziehbar.

Künstliche Befruchtung

ÜBERSCHREITEN DER ZUMUTBAREN BELASTUNG

Allerdings wirken sich außergewöhnliche Belastungen nur dann steuermindernd aus, wenn die zumutbare Belastung überschritten wird. Diese ergibt sich in Abhängigkeit vom Familienstand und der Höhe der Gesamteinkünfte:

Gesamtbetrag der Einkünfte	≤ 15.340 Euro	> 15.340 Euro ≤ 51.130 Euro	> 51.130 Euro
kinderlose Ledige	5 Prozent	6 Prozent	7 Prozent
kinderlose Ehepaare	4 Prozent	5 Prozent	6 Prozent
Alleinstehende oder Ehepaare mit ein oder zwei Kindern	2 Prozent	3 Prozent	4 Prozent
Alleinstehende oder Ehepaare mit mehr als zwei Kindern	1 Prozent	1 Prozent	2 Prozent

(Prozentsätze bezogen auf jeweilige Gesamteinkünfte)

Die Eheleute Lustig erzielen Einkünfte von insgesamt 48.000 Euro. Sie haben zwei Kinder. Im Jahr 2013 fallen bei Familie Lustig Krankheitskosten in Höhe von insgesamt 2.500 Euro an. Die zumutbare Belastung beträgt drei Prozent des Gesamtbetrags der Einkünfte, also 3 Prozent von 48.000 Euro = 1.440 Euro. Die Krankheitskosten wirken sich daher in Höhe von (2.500 Euro – 1.440 Euro =) 1.060 Euro aus.

Jede weitere außergewöhnliche Belastung wirkt sich in voller Höhe aus, wenn die zumutbare Belastung überschritten ist. Ungünstig wäre, wenn Familie Lustig jedes Jahr nur 1.400 Euro außergewöhnliche Belastungen hätte, weil sich dann niemals eine Steuerentlastung ergeben würde. Besser ist es, verschiedene außergewöhnliche Belastungen in einem Jahr zusammenzuballen, also z. B. eine größere Zahnbehandlung mit erheblichen Eigenanteilen nicht über mehrere Jahre zu strecken, sondern in einem Jahr durchführen zu lassen.

AUFWENDUNGEN FÜR BEHINDERTE FAMILIENMITGLIEDER

19

Für Aufwendungen, die aufgrund einer Behinderung entstehen, besteht ein Wahlrecht: entweder weist der Steuerpflichtige die tatsächlichen Kosten nach (dann erfolgt der Ansatz gemäß § 33 EStG analog zu den Krankheitskosten unter Abzug der zumutbaren Belastung) oder der Steuerpflichtige verzichtet auf den Einzelnachweis und nimmt einen Pauschbetrag gemäß § 33b EStG in Anspruch.

ABZUG DER TATSÄCHLICHEN AUFWENDUNGEN GEMÄSS § 33 ESTG

WER BEHINDERUNGSBEDINGTE AUFWENDUNGEN ABZIEHEN DARF

Altersgrenze

Grundsätzlich zieht jeder Steuerpflichtige selbst die behinderungsbedingten Aufwendungen ab, die ihm entstanden sind. Eltern können zusätzlich die Aufwendungen abziehen, die ihnen für Kinder entstanden sind, für die sie einen Anspruch auf Kindergeld/Kinderfreibeträge haben. Im Regelfall endet dieser Anspruch spätestens mit Vollendung des 25. Lebensjahres. Wenn ein behindertes Kind diese Altersgrenze überschreitet, besteht der Anspruch auf Kindergeld/-freibetrag für das erwachsene Kind weiter, so lange es aufgrund der vor dem Erreichen der Altersgrenze eingetretenen Behinderung außerstande ist, sich selbst zu unterhalten. Dies ist der Fall, wenn seine eigenen Einkünfte und Bezüge nicht ausreichen, um seinen gesamten notwendigen Lebensbedarf zu decken. Dieser Bedarf setzt sich zusammen aus dem steuerlichen Existenzminimum in Höhe von 8.004 Euro und dem durch die Behinderung bedingten Mehrbedarf, z. B. für die voll- oder teilstationäre Unterbringung des Kindes. Nicht einzeln nachgewiesener weiterer behinderungsbedingter Mehrbedarf kann in Höhe des Behinderten-Pauschbetrags angenommen werden. Berechnungsbeispiele finden sich in H 32.9 EStH (zu weiteren Einzelheiten vgl. Schreiben des Bundesfinanzministeriums vom 22.11.2010, BStBl. I S. 1346).

Unterhaltsaufwendungen

Ist die Behinderung des Kindes erst nach Überschreitung der Altersgrenze eingetreten oder verfügt das Kind über Einkünfte und Bezüge, die seinen Gesamtbedarf abdecken, dann haben die Eltern keinen Anspruch auf Kindergeld/-freibetrag. Wenn sie in diesem Fall ganz oder teilweise für den Unterhalt des Kindes aufkommen, sind die entsprechenden Aufwendungen nach § 33a Abs. 1 EStG – das heißt ohne Berücksichtigung einer zumutbaren Belastung, aber unter Anrechnung der eigenen Einkünfte und Bezüge des Kindes und begrenzt durch den Höchstbetrag – abziehbar (Einzelheiten siehe Seite 146 f.). Krankheits- und behinderungsbedingte Kosten sind dann in erster Linie beim Kind selbst zu berücksichtigen. Kann das Kind diese aber mangels ausreichender finanzieller Mittel nicht selbst zahlen und werden die Kosten deshalb zwangsläufig von den Eltern getragen, sind diese bei den Eltern gemäß § 33 EStG – gegebenenfalls zusätzlich zu den Unterhaltsaufwendungen – abziehbar.

Berücksichtigung beim Kind

WELCHE AUFWENDUNGEN ABZIEHBAR SIND
In Betracht kommen u.a. Aufwendungen für

- Wäsche,
- Krankenhausaufenthalte,
- Pflegedienstleistungen und/oder
- medizinische Hilfsmittel wie z.B. Treppenschräglift, Rollstuhl, Prothesen, Medikamente (H 33.1-33.4 Behindertengerechte Ausstattung EStH),
- von den Eltern getragene Kosten für die Unterbringung ihres behinderten Kindes in einer Privatschule, wenn keine geeignete öffentliche Schule in zumutbarer Weise erreichbar ist und dies durch eine Bestätigung der zuständigen obersten Landeskultusbehörde bescheinigt wird (R 33.4 Abs. 2 EStR),
- Kosten für Besuchsfahrten (incl. evtl. Unterbringungskosten) der Eltern zu ihrem behinderten, stationär untergebrachten Kind und für Besuchsfahrten des Kindes zu den Eltern, wenn ein entsprechendes ärztliches Attest vorliegt,
- Aufwendungen für besondere Pflegevorrichtungen, die von den Eltern für Besuche ihres behinderten Kindes vorgehalten werden (vgl. auch Schreiben des Bundesfinanzministeriums vom 14.4.2003, BStBl. I S. 360),

- private Kfz-Kosten bei einer Minderung der Erwerbsfähigkeit (MdE) von mindestens 80 Prozent oder MdE von mindestens 70 Prozent und Geh- und Stehbehinderung (H 33.1-33.4 Fahrtkosten behinderter Menschen EStH).

Fahrtkosten

Grundsätzlich werden 3.000 Kilometer für Privatfahrten anerkannt, bei außergewöhnlich Gehbehinderten, Blinden oder Hilflosen werden bis zu 15.000 Kilometer pro Jahr – ausnahmsweise auch mehr – anerkannt. Der Ansatz der Fahrtkosten erfolgt in Höhe der tatsächlichen Kosten, das heißt mit 0,30 Euro pro gefahrenem Kilometer; höhere Kosten können nur in Ausnahmefällen angesetzt werden. Neben den Fahrtkosten erlaubt die Finanzverwaltung nunmehr allerdings auch den lange Zeit verneinten Abzug der Aufwendungen für den behindertengerechten Umbau eines Pkw (siehe unten). Während andere Arbeitnehmer für Fahrten zwischen Wohnung und Arbeitsstätte nur die Entfernungspauschale als Werbungskosten abziehen können, dürfen Behinderte mit einem Grad der Behinderung (GdB) von mindestens 70 Prozent oder einem GdB von mindestens 50 Prozent und erheblicher Bewegungseinschränkung gemäß § 9 Abs. 2 EStG für diese Fahrten die tatsächlichen Kosten als Werbungskosten geltend machen, das heißt ohne Nachweis 0,30 Euro je gefahrenem Kilometer.

Umbaumaßnahmen

Nach langjähriger ständiger Rechtsprechung des Bundesfinanzhofs waren Aufwendungen, für die der Steuerpflichtige einen Gegenwert erhielt – wie beispielsweise für den Einbau eines behindertengerechten Badezimmers oder für den behinderungsbedingten Einbau eines Aufzugs – nicht als außergewöhnliche Belastungen abziehbar, da der Steuerpflichtige in diesem Fall aufgrund der Wertsteigerung des Gebäudes nicht belastet sei (vgl. auch H 33.1-33.4 Gegenwert EStH). In der neueren Rechtsprechung des Bundesfinanzhofs wurde diese „Gegenwerttheorie" immer weiter ausgehöhlt. So werden mittlerweile bestimmte behinderungsbedingte Umbaumaßnahmen etc. als außergewöhnliche Belastungen anerkannt, ohne dass eine möglicherweise durch den Umbau eingetretene Wertsteigerung des Gebäudes schädlich wäre. In seinem Urteil vom 22. Oktober 2009 (Az. VI R 7/09) entschied der Bundesfinanzhof, dass Aufwendungen für den behindertengerechten Umbau eines Hauses als außergewöhnliche Belastungen abziehbar sein können, wenn sie sich zwangsläufig aus der eingetretenen Situation ergeben, sodass es nebensächlich wird, ob durch die Maßnahmen auch ein Gegenwert erzielt wird. Im Urteilsfall hatte der Steuerpflichtige einen schweren Schlaganfall erlitten und war dadurch stark gehbehindert. Um ihm weiterhin ein Leben in seiner gewohnten Umgebung zu ermöglichen, führten die Ehegatten verschiedene Baumaßnahmen an ihrem Einfamilienhaus durch (Gesamtkosten: 140.000 DM), u.a. eine Rollstuhlrampe und ein behindertengerechtes Badezimmer.

Wertsteigerung unschädlich

Auch die bisher ebenfalls nicht abziehbaren Aufwendungen für den behindertengerechten Umbau eines Autos sind nunmehr abziehbar, allerdings war die Finanzverwaltung zunächst der Ansicht, der Abzug dürfe nicht im Wege des Sofortabzugs, sondern nur verteilt auf die Restnutzungsdauer des Pkw erfolgen. Mittlerweile hat sich die Finanzverwaltung aber der Ansicht des Bundesfinanzhofs angeschlossen, wonach sich aus dem Wortlaut des § 33 EStG keine Hinweise auf eine Pflicht zur zeitlichen Verteilung von Aufwendungen ergebe (vgl. z. B. Oberfinanzdirektion Frankfurt, Verfügung vom 19.1.2011, S 2284 A-46-St 221). Sowohl der Bundesfinanzhof als auch die Finanzverwaltung halten aber ein Wahlrecht zur Verteilung für denkbar, z. B. in Fällen, in denen der Gesamtbetrag der Einkünfte niedriger ist als die abziehbaren Aufwendungen.

Umbau des Pkws

PAUSCHBETRÄGE FÜR BEHINDERTE

Pauschbeträge statt Nachweis der tatsächlichen Aufwendungen

An Stelle des Nachweises der tatsächlichen Aufwendungen können Behinderte, deren Grad der Behinderung mindestens 50 Prozent beträgt, gemäß § 33b EStG einen dem Grad ihrer Behinderung entsprechenden Pauschbetrag wählen. Wenn der Grad der Behinderung mindestens 25 Prozent beträgt und aufgrund der Behinderung eine gesetzliche Rente oder Ähnliches gezahlt wird, wenn die Behinderung zu einer dauernden Einbuße der körperlichen Beweglichkeit führt oder auf einer typischen Berufskrankheit beruht, kann ebenfalls ein Pauschbetrag gewährt werden. Der Grad der Behinderung ist durch einen Schwerbehindertenausweis oder eine Bescheinigung der nach § 69 Abs. 1 SGB IX zuständigen Behörde nachzuweisen. Es sind folgende Pauschbeträge (jeweils pro Jahr) vorgesehen:

Grad der Behinderung	Pauschbetrag
von 25 und 30 Prozent	310 Euro
von 35 und 40 Prozent	430 Euro
von 45 und 50 Prozent	570 Euro
von 55 und 60 Prozent	720 Euro
von 65 und 70 Prozent	890 Euro
von 75 und 80 Prozent	1.060 Euro
von 85 und 90 Prozent	1.230 Euro
von 95 und 100 Prozent	1.420 Euro

Für Hilflose und Blinde (Ausweis mit Merkzeichen „H" oder „Bl" oder Pflegestufe III, vgl. § 65 EStDV) erhöht sich der Pauschbetrag auf 3.700 Euro pro Jahr.

Die Pauschbeträge sind immer Jahresbeträge, das heißt es er-   Jahresbetrag
folgt keine Zwölftelung (R 33b Abs. 7 EStR). Bei Beginn, Wegfall oder Änderung der Behinderung im Laufe des Kalenderjahres gilt der höchste Pauschbetrag für das ganze Jahr. Die Bescheinigungen über die Körperbehinderung sind Grundlagenbescheide im Sinne der §§ 171 Abs. 10 und 175 Abs. 1 S. 1 AO. Daher führt eine rückwirkende Anerkennung der Körperbehinderung dazu, dass die Einkommensteuerveranlagung berichtigt wird.

ÜBERTRAGUNG DES BEHINDERTEN-PAUSCHBETRAGS

Eltern können einen dem Kind zustehenden Behinderten-Pauschbetrag gemäß § 33b Abs. 5 EStG auf sich übertragen lassen, wenn

- sie für das Kind Anspruch auf Kindergeld/Kinderfreibetrag haben und
- das Kind den Pauschbetrag (mangels eigener Einkünfte) selbst nicht in Anspruch nimmt.

Bei Eltern, die nicht die Voraussetzungen der Zusammenveranlagung erfüllen, wird der Pauschbetrag grundsätzlich halbiert (§ 33b Abs. 5 S. 2 EStG). Auf gemeinsamen Antrag der Eltern kann eine andere Aufteilung erfolgen (§ 33b Abs. 5 S. 3 EStG).

An Stelle des Pauschbetrags können die Eltern alternativ gemäß § 33 EStG die tatsächlichen Kosten abziehen. Wenn die Eltern nicht zusammen veranlagt werden und sie abweichend von der gesetzlich vorgesehenen Halbierung eine andere Aufteilung beantragen, muss das Wahlrecht jedoch von beiden Eltern einheitlich ausgeübt werden.   Wahlrecht

Wenn der Behinderten-Pauschbetrag auf die Eltern übertragen wird, können diese zusätzlich auch die Kfz-Kosten, die sie für das behinderte Kind getragen haben, abziehen (Bundesfinanzhof, Urteil vom 13.12.2001, Az. III R 6/99).

PFLEGE-PAUSCHBETRAG

Gemäß § 33b Abs. 6 EStG können Steuerpflichtige, denen durch die Pflege nicht nur vorübergehend hilfloser Personen außergewöhnliche Belastungen erwachsen, unter den folgenden Voraussetzungen einen Pflege-Pauschbetrag von 924 Euro pro Jahr abziehen:

Selbsttägige Pflege

- der Steuerpflichtige muss die Pflege selbst durchführen, und zwar entweder in seiner Wohnung oder in der Wohnung des/der Pflegebedürftigen; eine zeitweise Unterstützung durch eine ambulante Pflegekraft ist unschädlich (R 33b Abs. 4 EStR),
- die gepflegte Person muss ständig hilflos im Sinne von § 33b Abs. 6 S. 2 und 3 EStG sein, das heißt es müssen die Voraussetzungen für den Pauschbetrag von 3.700 Euro vorliegen (Merkzeichen „H" oder Pflegestufe III; Nachweis nur nach § 65 EStDV möglich),
- der Steuerpflichtige erhält für die Pflege keine Einnahmen (das heißt auch kein Pflegegeld o. Ä.); Ausnahme: Unschädlich ist das Pflegegeld für Eltern eines behinderten Kindes (§ 33b Abs. 6 Satz 2 EStG).

Pflege-Pauschbetrag

Wenn der Behinderten-Pauschbetrag vom Kind auf die Eltern übertragen wird, können sie unter den oben genannten Voraussetzungen auch den Pflege-Pauschbetrag in Anspruch nehmen. Dies gilt auch dann, wenn das Kind ganzjährig im Heim untergebracht ist und nur an den Wochenenden zu Hause von den Eltern betreut wird (vgl. Schreiben des Bundesfinanzministeriums vom 14.4.2003, BStBl. I S. 360).

Der Pflege-Pauschbetrag von 924 Euro ist immer ein Jahresbetrag, das heißt es findet keine Zwölftelung statt (R 33b Abs. 7 EStR). Teilen sich mehrere Personen die Pflege, ist der Pflege-Pauschbetrag entsprechend deren Anzahl aufzuteilen (§ 33b Abs. 6 S. 6 EStG). Erfüllen mehrere Familienmitglieder die Voraussetzungen, so kann der Pauschbetrag mehrfach gewährt werden (R 33b Abs. 1 EStR).

VERHÄLTNIS VON § 33B ZU ANDEREN AUSSERGEWÖHNLICHEN BELASTUNGEN UND ZU § 35A ESTG

Gemäß § 33b Abs. 1 EStG besteht ein Wahlrecht zwischen § 33b EStG und § 33 EStG. Bei Ausübung des Wahlrechts ist zu berücksichtigen, dass bei § 33 EStG die zumutbare Belastung abgezogen wird, nicht jedoch bei § 33b EStG.

Durch die Pauschbeträge des § 33b EStG werden die laufenden und typischen unmittelbar durch die Körperbehinderung veranlassten Belastungen abgegolten, so z.B. der erhöhte Wäschebedarf, die Pflege und Hilfeleistungen bei den regelmäßig wiederkehrenden Verrichtungen des täglichen Lebens.

Pauschbeträge

Andere Kosten, die ganz oder teilweise durch die Behinderung veranlasst sind, können aber neben den Pauschbeträgen geltend gemacht werden, z.B. für

- Arzt, Operationen, Krankenhausaufenthalte (R 33b Abs. 1 Satz 4 EStR),
- Kuren (H 33b Heilkur EStH),
- private Kfz-Kosten bei einer MdE von mindestens 80 Prozent oder MdE von mindestens 70 Prozent und Geh- und Stehbehinderung (H 33.1-33.4), Fahrtkosten behinderter Menschen (EStH, Einzelheiten siehe oben).

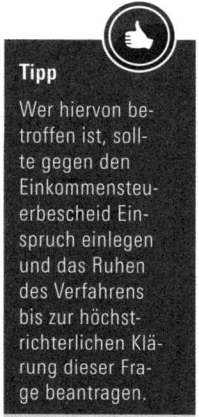

> **Tipp**
> Wer hiervon betroffen ist, sollte gegen den Einkommensteuerbescheid Einspruch einlegen und das Ruhen des Verfahrens bis zur höchstrichterlichen Klärung dieser Frage beantragen.

Nach Ansicht der Finanzverwaltung (siehe Schreiben des Bundesfinanzministeriums vom 15.2.2010, BStBl. 2010 I S. 140, Rdn. 29) schließt die Inanspruchnahme des Behinderten-Pauschbetrags eine Berücksichtigung von Pflegeaufwendungen nach § 35a EStG grundsätzlich aus. Dem widersprach das Finanzgericht Niedersachsen mit seinem Urteil vom 19.1.2012, Az.10 K 338/11 (Revision eingelegt, Az. VI R 12/12). Laut Finanzgericht schließt § 35a Abs. 5 EStG die Inanspruchnahme der Steuerermäßigung nur insoweit aus, als die Aufwendungen als außergewöhnliche Belastung berücksichtigt worden sind. Daher seien die nach § 35a EStG zu berücksichtigenden Aufwendungen um den in Anspruch genommenen Behinderten-Pauschbetrag zu kürzen.

Unterhaltsleistungen

Die Aufwendungen für die krankheits- oder behinderungsbedingte Unterbringung eines nahen Angehörigen, für den kein Anspruch auf Kindergeld/-freibetrag besteht, in einem Heim können gemäß § 33a Abs. 1 EStG als Unterhaltsleistungen abgezogen werden. Soweit die zwangsläufig getragenen Aufwendungen den nach § 33a Abs. 1 EStG abziehbaren Betrag übersteigen, können sie gemäß § 33 EStG – unter Abzug der zumutbaren Belastung – zusätzlich geltend gemacht werden (siehe oben sowie Schreiben des Bundesfinanzministeriums vom 2.12.2002, BStBl. I S. 1389). Alternativ kann für im Heim erbrachte Pflege- und Betreuungsleistungen die Steuerermäßigung gemäß § 35a Abs. 2 Satz 2 EStG in Anspruch genommen werden.

BEENDIGUNG DER EHE

20

Etwa jede dritte Ehe wird geschieden. Eine Ehescheidung bedeutet nicht nur psychische Belastungen, sondern verursacht meist auch hohe Kosten. Daher sollte versucht werden, wenigstens die negativen Steuerfolgen der Trennung und Ehescheidung möglichst zu vermeiden.

MÖGLICHST LANGE ZUSAMMEN VERANLAGEN LASSEN

Wenn die Ehegatten zu Jahresbeginn noch zusammengelebt haben, sind damit die Voraussetzungen für die in der Regel günstigere Zusammenveranlagung für dieses Jahr noch erfüllt. Allerdings wird die Zusammenveranlagung nur dann durchgeführt, wenn ihr beide Ehegatten zustimmen. Obwohl bei einer Trennung immer gravierende Differenzen und Streitigkeiten im Spiel sind, sollte keiner der Ehegatten seine Zustimmung verweigern, weil er damit nicht nur dem anderen Partner, sondern letztlich auch sich selbst schaden würde.

> **Tipp**
> Getrennt wohnen heißt nicht unbedingt „dauernd getrennt leben"; ein Versöhnungsversuch kann sich steuerlich auszahlen.

Die Zusammenveranlagung kommt erst dann nicht mehr in Betracht, wenn die Ehegatten während eines gesamten Jahres „dauernd getrennt leben". Ein dauerndes Getrenntleben ist anzunehmen, „wenn die zum Wesen der Ehe gehörende Lebens- und Wirtschaftsgemeinschaft nach dem Gesamtbild der Verhältnisse auf die Dauer nicht mehr besteht" (H 26 „Getrenntleben EStH). Demnach können die Ehegatten voneinander getrennt wohnen, ohne dass sie im steuerlichen Sinne „dauernd getrennt leben", wenn irgendwann im Kalenderjahr ein ernsthafter Versöhnungsversuch unternommen wurde.

Auch die im Scheidungsverfahren zum Getrenntleben getroffenen Feststellungen im Sinne von § 1565 BGB sind laut Bundesfinanzhof (Urteil vom 13.12.1985, BStBl. 1986 II S. 486) für die steuerliche Beurteilung nicht unbedingt bindend. Somit können sich Eheleute häufig sogar noch im Jahr der Ehescheidung zusammen veranlagen lassen.

ABZUG DER SCHEIDUNGSKOSTEN ALS AUSSERGEWÖHNLICHE BELASTUNG

Obwohl rund jede dritte Ehe geschieden wird (Tendenz vor allem in den Ballungsgebieten steigend!), gelten die Kosten von Ehescheidungen steuerlich als „außergewöhnliche Belastungen". Hierzu zählen die Gerichts- und Anwaltskosten, die für die Ehescheidung selbst, die Entscheidung über das Sorgerecht für die Kinder und den Versorgungsausgleich anfallen, nicht dagegen die Kosten für eine sich möglicherweise anschließende Vermögensauseinandersetzung. Die Scheidungskosten werden mit den übrigen außergewöhnlichen Belastungen – z. B. Krankheitskosten – zusammengerechnet. Die Summe aller außergewöhnlichen Belastungen wirkt sich allerdings nur insoweit aus, als die zumutbare Belastung überschritten wird. Diese ergibt sich in Abhängigkeit vom Gesamtbetrag der Einkünfte (vgl. S. 190).

Tipp
Da sich die außergewöhnlichen Belastungen steuerlich nur insoweit auswirken, als die zumutbare Belastung des betreffenden Jahres überschritten wird, ist es günstig, nach Möglichkeit mehrere außergewöhnliche Belastungen in einem Jahr „zusammenzuballen". Entscheidend für die zeitliche Berücksichtigung ist, in welchem Jahr die Zahlungen geleistet werden. So könnte beispielsweise eine ohnehin erforderliche teure Zahnbehandlung in das Jahr vorgezogen werden, in dem die Ehescheidungskosten zu bezahlen sind.

NACH DER SCHEIDUNG MÖGLICHST „REALSPLITTING"

Spätestens im Jahr nach der Ehescheidung ist keine Zusammenveranlagung mehr möglich. Wenn die Einkommen der Ex-Ehegatten stark voneinander abweichen, weil z. B. derjenige, bei dem die Kinder wohnen, nur in Teilzeit arbeitet, würde dies im Vergleich zur Zusammenveranlagung zu einer wesentlich höheren Gesamtsteuer führen.

Abhilfe kann hier das „begrenzte Realsplitting" schaffen (§ 10 Abs. 1 Nr. 1 EStG). Nach dieser Regelung kann der Ex-Ehegatte mit dem höheren Einkommen die Unterhaltsleistungen, die er an den anderen (= Empfänger) bezahlt, bis zu 13.805 Euro im Kalenderjahr als Sonderausgaben abziehen. Bei mehreren Ex-Ehegatten gilt der Höchstbetrag für jeden Empfänger. Zusätzlich zum Höchstbetrag können die für den Empfänger gezahlten Basis-Krankenversicherungsbeiträge abgezogen werden. Ob der Unterhalt auf Grund der gesetzlichen Unterhaltspflicht oder freiwillig gezahlt wird, ist irrelevant. Auch Sachleistungen wie z.B. die unentgeltliche Überlassung einer Wohnung können berücksichtigt werden.

Voraussetzungen für den Abzug sind:

- Antrag des Unterhaltsleistenden (= Eintragung im Einkommensteuerformular),
- Zustimmung des Empfängers (= Unterschrift),
- Nachweis der gezahlten Unterhaltsaufwendungen und Krankenversicherungsbeiträge (z. B. Überweisungsbelege).

Antrag in Steuererklärung

Der Antrag wird in der jeweiligen Steuererklärung für das betreffende Jahr gestellt. Er kann der Höhe nach begrenzt werden. Eine Rücknahme des Antrages ist nicht möglich. Die Zustimmung des Empfängers dagegen gilt bis auf Widerruf, also für mehrere Jahre. Der Widerruf muss vor Beginn des Kalenderjahres, für das er gelten soll, gegenüber dem Finanzamt erklärt werden.

Dadurch ergeben sich einige praktische Probleme. Besonders heikel ist die Zustimmung des Empfängers, weil er sich durch diese verpflichtet, die erhaltenen Unterhaltsleistungen als Sonstige Einkünfte zu versteuern (§ 22 Nr. 1a EStG). Möglicherweise kann der Empfänger nicht abschätzen, ob und in welcher Höhe sich eine steuerliche Belastung der Unterhaltsleistungen ergeben wird. Es kann auch vorkommen, dass der

Empfänger mangels anderer Einkünfte gar nicht steuerlich belastet wäre, aber aus Verärgerung dennoch seine Zustimmung verweigert. Am besten und finanziell am vorteilhaftesten ist stets eine einvernehmliche Lösung, dass der Zahlende sich beispielsweise verpflichtet, eine etwaige zusätzlich beim Empfänger anfallende Steuerbelastung zu übernehmen oder einfach pauschal bei Erteilung der Unterschrift des Empfängers einen höheren Betrag zahlt, sodass die Steuerersparnis letztlich beiden Ex-Ehegatten zugutekommt.

Wenn zunächst keine Einigung erzielt werden konnte und daher in der Steuererklärung kein Antrag gestellt wurde, kann die Antragstellung auch noch nach Erhalt des Steuerbescheides mit der nachträglich erteilten Zustimmung des Empfängers erfolgen. Ebenfalls möglich ist die nachträgliche Erweiterung der betragsmäßig begrenzten Zustimmung auf einen höheren Betrag. Da es sich hierbei um sogenannte rückwirkende Ereignisse im Sinne von § 175 Abs. 1 Satz 1 Nr. 2 Abgabenordnung handelt, wird das Finanzamt daraufhin entsprechende neue Einkommensteuerbescheide erlassen.

Nachträgliche Zustimmung

Ist auch nach Ablauf des Jahres keine einvernehmliche Lösung zu erreichen, bleiben zur Schadensbegrenzung nur zwei Auswege:

- Der Unterhaltsleistende kann die Zustimmung erklagen oder
- er kann die gezahlten Unterhaltsleistungen nach § 33a Abs. 1 EStG als außergewöhnliche Belastungen geltend machen.

Wenn sich beim Empfänger keine steuerlichen Nachteile ergeben, kann der Unterhaltsleistende die Erteilung der Zustimmung zivilrechtlich einklagen. Im Fall der rechtskräftigen Verurteilung zur Erteilung der Zustimmung (§ 894 Abs. 1 ZPO) wirkt diese allerdings nur für das Jahr, das Gegenstand des

Rechtsstreites war. Mit anderen Worten muss gegebenenfalls jedes Jahr erneut geklagt werden. Die hierfür eventuell anfallenden Rechtsanwaltskosten sind nicht steuerlich abziehbar.

Ist eine Klage nicht möglich oder nicht erwünscht, bleibt nur noch der Abzug als außergewöhnliche Belastung gemäß § 33a Abs. 1 EStG. Dieser ist unabhängig von einer Zustimmung des Empfängers möglich und beim Empfänger ergeben sich keinerlei Steuerfolgen. Allerdings können nach dieser Regelung höchstens 8.004 Euro pro Jahr und Empfänger (gegebenenfalls zuzüglich noch Krankenversicherungsbeiträge) abgezogen werden, wobei dieser Höchstbetrag um eigene Einkünfte und Bezüge des Empfängers, soweit diese 624 Euro im Jahr überschreiten, zu kürzen ist (Einzelheiten und Berechnungsbeispiel siehe Seite 146 f.).

EINKOMMENSTEUER BEI VERWITWETEN

Splittingtarif

In dem Jahr, in dem einer der beiden Ehegatten verstirbt, sind die Voraussetzungen der Zusammenveranlagung noch erfüllt, sodass hier regelmäßig das Splittingverfahren zur Anwendung kommt. Nach § 32a Abs. 6 Nr. 1 EStG kommt der Splittingtarif bei dem hinterbliebenen Ehegatten auch im Folgejahr noch zur Anwendung, wenn die Ehegatten zum Todeszeitpunkt die Voraussetzungen für die Zusammenveranlagung erfüllt hatten („Verwitwetensplitting").

Allerdings kommt hier nur der reine Splittingtarif incl. des verdoppelten Grundfreibetrags zur Anwendung, die übrigen Pausch- oder Freibeträge werden nur für eine Person gewährt. So erhält der Witwer bzw. die Witwe z. B. nicht mehr den gemeinsamen Sparer-Pauschbetrag von 1.602 Euro, sondern nur noch den für eine Person in Höhe von 801 Euro pro Jahr. Entsprechend können bei der Bank auch nur noch 801 Euro freigestellt werden.

BESONDERHEITEN BEI WIEDERVER-
HEIRATUNG IM JAHR DER SCHEIDUNG

Einen weiteren Sonderfall stellt das „Sitzengebliebenen-Splitting" dar. Hiermit ist der Fall gemeint, dass der Steuerpflichtige im Lauf des Jahres geschieden wurde und sein Ex-Ehepartner noch im selben Jahr wieder heiratet. Der/die „Sitzengebliebene" kann dann nicht mehr mit dem Ex-Ehegatten zusammen veranlagt werden, erhält aber nach § 32a Abs. 6 Nr. 2 EStG bei seiner Einzelveranlagung den günstigeren Splittingtarif.

Sitzengebliebenen-Splitting

21 ÜBERTRAGUNG VON VERMÖGEN AUF KINDER

Durch geschickte Vermögensübertragung an die eigenen Kinder lässt sich die Zahlung der Abgeltungsteuer vermeiden. Auch wer Erspartes oder Immobilien schon zu Lebzeiten im Rahmen der Freibeträge an seine Nachkommen überträgt, kann damit Erbschaft- und Schenkungsteuer sparen.

GESTALTUNGEN BEI DER EINKOMMENSTEUER

Kinder kosten bekanntlich viel Geld. Dennoch kann es vorkommen, dass Eltern über erhebliches Kapitalvermögen verfügen und mit den Erträgen den Sparerpauschbetrag von 801 Euro je Person und Jahr überschreiten. Auf die übersteigenden Zinserträge wird dann die Abgeltungsteuer von 25 Prozent zuzüglich Solidaritätszuschlags und – wenn die Eltern in der Kirche sind – Kirchensteuer fällig. Dies lässt sich legal umgehen, indem ein Teil des Kapitalvermögens auf die Kinder übertragen wird, sodass diese ihre eigenen Sparerpauschbeträge von jeweils 801 Euro pro Jahr nutzen können.

Übertragung auf Kinder

Sind die Eltern oder ein Elternteil selbstständig oder gewerblich tätig, können volljährige Kinder als Teilzeitkräfte oder Ferienjobber angestellt werden, sodass die Kinder ihren Arbeitnehmer-Pauschbetrag von 1.000 Euro je Jahr nutzen können. Allerdings ist hierbei darauf zu achten, dass keine Sozialversicherungspflicht begründet wird und dass das Arbeitsverhältnis nicht nur auf dem Papier stehen darf, sondern auch tatsächlich – wie unter Fremden – durchgeführt werden muss, um steuerlich anerkannt zu werden.

Außerdem ist zu bedenken, dass bei einer Beschäftigung von mehr als 20 Stunden pro Woche der Kindergeldanspruch für das beschäftigte Kind verloren geht, wenn das Kind bereits eine erste Ausbildung absolviert hat. Im Rahmen von Ferienjobs darf die 20-Stunden-Grenze in höchstens zwei Monaten des Jahres überschritten werden; im Durchschnitt des Jahres muss sie aber auch in diesem Fall eingehalten werden.

Tipp

Pauschbeträge der Kinder ausnutzen; Lohn kann günstiger sein als Taschengeld, aber nur wenn der Kindergeldanspruch nicht gefährdet wird.

Weitere Möglichkeiten, an die man bei einem hohen Steuersatz der Eltern denken kann, sind die Übertragung von vermietetem Wohneigentum auf Kinder oder die Bestellung von Nießbrauchsrechten an vermieteten Wohnungen zugunsten der Kinder. Da die Höhe der Einkünfte und Bezüge der Kinder seit 2012 für deren steuerliche Berücksichtigung als Kind keine Bedeutung mehr hat, werden dadurch weder der Kindergeldanspruch noch die kindbedingten Freibeträge gefährdet. Lediglich wenn die Kinder älter als 25 Jahre und immer noch in Ausbildung sind, vermindern die eigenen Einkünfte/Bezüge der Kinder die maximal gemäß § 33a Abs. 1 EStG abziehbaren Unterhaltsaufwendungen der Eltern (siehe oben Seite 178).

ERBSCHAFT- UND SCHENKUNGSTEUER

Wenn Eltern über beträchtliche Vermögenswerte verfügen, können sie daran denken, bereits zu Lebzeiten davon auf die Kinder zu übertragen. Schenkungsteuerfrei bleibt jeweils ein Erwerb im Wert von 400.000 Euro. Ein Elternteil kann somit an ein Kind 400.000 Euro übertragen, ohne dass Schenkungsteuer anfällt. Bei mehreren nacheinander erfolgenden Übertragungen werden diejenigen zusammengerechnet, die innerhalb von zehn Jahren erfolgen. Das heißt, dass der Freibetrag nach Ablauf von zehn Jahren erneut genutzt werden kann. Für Übertragungen von einem Großelternteil auf einen Enkel gilt Entsprechendes, hier beträgt der jeweilige Freibetrag aber nur 200.000 Euro.

Tipp
Freibeträge gemäß § 16 ErbstG mehrfach nutzen!

Diese Freibeträge gelten aber nur bei Übertragungen in gerader Linie, also von Eltern oder Großeltern auf Kinder oder Enkel. Kinderlose wünschen häufig, dass ihr Vermögen an Neffen oder Nichten fällt. Für Übertragungen in diese „Seitenlinien" beträgt der Freibetrag nur 200.000 Euro. Wird dieser überschritten, fällt bei einem steuerpflichtigen Erwerb bis zu 75.000 Euro 15 Prozent, darüber sogar 20 Prozent Schenkung- bzw. Erbschaftsteuer an. Für vermögende Tanten oder Onkel macht es daher also sicherlich Sinn, den Freibetrag von 20.000 Euro für mehrfache Schenkungen – im Zehnjahresrhythmus – zu nutzen.

STICHWORTVERZEICHNIS

A

Arbeitgeberleistungen 110 f.
- Anspruch auf Freistellung 112
- vermögenswirksame Leistungen 113 f.

Arbeitgeberzuschuss zum Mutterschutzgeld 21 f. 23, 110,

Arbeitslosengeld II 20, 34, 36, 40, 42, 53, 80, 102,

Arbeitslosenversicherung 24

Arbeitnehmersparzulage 115 f.

Ausbildungsfreibetrag 175 f.
- Abzug von Unterhaltsaufwendungen 177
- Krankenversicherungsbeiträge 177

außergewöhnliche Belastungen 190
- Adoptionskosten 189
- auswärtige Unterbringung 189
- bei Behinderungen 193 f.
- Ehescheidung 205
- Krankheitskosten 187 f.

B

BAföG 53, 61 f.
- Antrag 69 f.
- Berechnung 64 f.
- Berechtigte 61
- Darlehen 68
- förderfähige Ausbildung 62 f.
- Rückzahlung 70
- Zuschuss 68

behinderte Kinder 30

Berufsausbildungsbeihilfe 132 f.

Berücksichtigungszeiten wegen Kindererziehung 84

Betreuungsgeld 53
- Antrag 58
- Berechtigte 55

- Besteuerung 59
- Bezugsdauer 57
- Höhe 57

Bildungskredit für Ausbildung und Studium 129 f.
- Antrag 132
- Berechtigte 130
- Fördervoraussetzungen 130 f.

Bildungs- und Teilhabepaket 106 f.
- Antrag 108
- Leistungen 107 f.

Bundesstiftung Mutter und Kind 126 f.

D

doppelte Haushaltsführung 144

E

Eigenheimförderung 136 f.

Einkommensteuer 140 f. 150, 164
- bei Verwitweten 207 f.
- bei Vermögensübertragung 210 f.
- bei Wiederverheiratung 204

Einzelveranlagung 140 f.

Elterngeld 44 f.
- Alleinerziehende 51
- Antrag 51
- Berechtigte 44
- Besteuerung 53
- Bezugsdauer 49
- Einkommensgrenzen 46
- Geschwisterbonus 48
- Höhe 45
- Partnermonate 49 f.

Elternzeit 22, 44

Entlastungsbetrag für Alleinerziehende 155 f.

Erbschaft- und Schenkungsteuer 211

Erziehungsrente 84 f.

F

Familienkasse 150, 152
Familienversicherung 93 f.

G

geringfügige Beschäftigung 20
gesetzliche Krankenversicherung 20 f. 93 f.
- Zuzahlungen 95 f.

gesetzliche Rentenversicherung 82 f.

Grundsicherung 102 f.
- bei Erwerbsminderung 103

Günstigerprüfung 152

H

Handwerkerleistungen 170 f.
Haushaltshilfe 99 f. 166 f.
haushaltsnahe Dienstleistungen 164 f. 167
Heirat 140, 143 f.
Hilfe zum Lebensunterhalt 103
- Kinderbetreuungskosten 156 f. 169
- begünstigte Aufwendungen 159
- Betreuung durch Angehörige 160 f.
- Voraussetzungen für Abzug 157

K

Kindererziehungszeiten 82
Kinderfreibetrag 26, 150 f.
- bei Alleinerziehenden 153 f.

Kindergeld 26, 119, 150 f.
- Antrag 34
- Auszahlung 33
- Berechtigte 27 f.

STICHWORTVERZEICHNIS

- Höhe 31 f.
- Wechselwirkung mit Kinderfreibetrag 151, 155
Kinderkrankengeld 97 f.
Kinderzulage
- siehe Riester-Vertrag
Kinderzuschlag 36 f.
- Antrag 42
- Berechnung 41
- Berechtigte 36
- Höchsteinkommensgrenzen 38 f.
- Höhe 36
- Mindesteinkommen 37
Kranken- und Pflegeversicherungsbeiträge
- Steuerabzug 183

L
Landeserziehungsgeld 127 f.

M
Minijob 165
Mutterschaftsgeld 20 f. 22,
- Antrag 24
- Steuern 24
- Krankengeld 20
Mehrbedarf 21, 39
Mutterschutz 20
Frist 20, 22

P
Pauschbeträge für Behinderte 197 f.
- Übertragung 198 f.
Pflegepauschbetrag 199 f.
Pflege- und Betreuungsleistungen 168 f.

R
Regelbedarf 39, 104
- Zuschläge 105 f.
Rehabilitation für Kinder 91 f.
Rentensplitting 88 f.
Rentenversicherung 24
Riester-Vertrag 118 f.
- Sparformen 120 f.

S
Scheidung 203 f.
Schulgeld 174
Steuerklasse 142 f.
Sozialgeld 102

T
Teilzeitarbeit 47

U
Unterhaltsvorschuss für Alleinerziehende 121 f.
- Antrag 124
- Berechtigte 122 f.
- Höhe 123

V
Vermögensübertragung 210 f.
Vorsorgeaufwendungen 184
- Altersvorsorge 185

W
Waisenhilfe 89 f.
Witwen-/Witwerrente 86 f., 89 f.
Werbungskosten 180 f.
Wohngeld 33, 53, 73
- Antrag 79 f.
- Einkommensgrenzen 75 f.
- Höhe 77 f.
Wohnungsbauprämie 135 f.

Z
Zusammenleben ohne Trauschein 145 f.
- Abzug von Unterhaltsleistungen 146
Zusammenveranlagung 140 f., 204

IMPRESSUM

Herausgeber
Verbraucherzentrale Nordrhein-Westfalen e.V.
Mintropstraße 27, 40215 Düsseldorf
Telefon: 02 11/38 09-5 55
Telefax: 02 11/38 09-2 35
Internet: www.vz-nrw.de
E-Mail: ratgeber@vz-nrw.de

Autor:	Otto N. Bretzinger, Gudrun Reichert
Herausgeber:	Dr. Frank Bräutigam
Fachliche Mitwirkung:	Mechthild Winkelmann
Koordination:	Kathrin Nick
Produktion:	bretzinger : media.production, Baden-Baden
Gestaltungskonzept:	Ute Lübbeke, Köln, www.LNT-design.de
Umschlaggestaltung:	Ute Lübbeke, Köln, www.LNT-design.de
Umschlagfoto:	plainpictures/OJO
Druck/Bindung:	Kraft Druck GmbH, Ettlingen
	Gedruckt auf 100 Prozent Recyclingpapier

Kleine Beträge clever anlegen
Aus wenig Geld das Beste machen

Auch 25 Euro im Monat oder einmalig 500 oder 1.000 Euro können sich auf Dauer zu einer lukrativen Geldanlage entwickeln. Vorausgesetzt, Sie finden die richtige Anlageform, nutzen staatliche Förderungen und haben die nötige Ausdauer. Wie Sie sich dann Wünsche erfüllen oder Ihre finanzielle Vorsorge verbessern können, zeigt dieser Ratgeber.

2. Auflage 2012
128 Seiten
7,90 €
ISBN 978-3940580-48-1

Erhältlich bei den Verbraucherzentralen und im Buchhandel

www.vz-ratgeber.de

DIE RIESTER-RENTE

Planungshilfen, Finanzierungsformen, Fördermöglichkeiten, Vorsorge im Betrieb

Schwächelnde Rentenkassen machen private Vorsorge unabdingbar! Hier erfahren Sie, wie die staatlich geförderte private Altersvorsorge funktioniert und welche Riester-Produkte es gibt – mit einem Vergleich privater und betrieblicher Vorsorgeprodukte. So finden Sie letztlich den richtigen Vertrag!

2. Auflage 2009
128 Seiten
7,90 €
ISBN 978-3-938174-86-9

Erhältlich bei den Verbraucherzentralen und im Buchhandel

www.vz-ratgeber.de